企業を世界一にする
インターナル・マーケティング
ピープル・マーケティング・オペレーションズ

鈴木好和［著］

創成社

はじめに

会社を世界一にするためには、セルフ・マネジメントとインターナル・マーケティング（ＩＭ）が必要である。前者は、権限を大幅に従業員に与えることで、後者は、従業員をお客のように扱うことである。グーグルとスターバックスはこの方法で世界一になった。本書で引用した会社には、現在及び過去において世界一の会社が多い。インターナル・マーケティングをテーマにした理由はここにある。

また、本書は、インターナル・マーケティングの理論を人的資源管理（Human Resource Management：ＨＲＭ）に貢献することを目的としている。ＨＲＭは、さまざまな学問分野を統合してできてきた研究分野である。しかし、これまで人的資源管理において、マーケティングの理論はほとんど活用されてこなかった。その統合は、実務界に役立つと考えられる。マーケティング実際は、ＨＲＭにおいてもマーケティングと同じ意図のもとで行われている方策も存在する。したがって、その違いや類似点を明らかにすることも本書の課題に含まれる。

ところで、ジェフリー・フェーファーらは、医師の治療は事実の研究結果に基づいて行われるべきであるとみる「事実に基づいた医療」を経営にも応用する必要性を指摘しているが[1]、本書でも研究結果は「事実に基づいた（evidence based）」ものを基本とした。その事実を示すために、事例を引用した。事実に整合性のないものがあるが、それについては、文中で明らかにするとともに、今後のさらなる研究結果を待ちたい。また、本書では、引用文献の著者の報告が事実であるという前提に立っている。

訳書の引用は、漢字や送り仮名を変更することなく、そのまま掲載した。なお、ホームページなど、インターネット上で簡単に検索できる会社の取り組みに関する引用に関しては、省略した。会社の名称は、正式名称ではなく、簡素化させてもらった。特に、会社名かどうかがわかりづらい場合を除き、「社」や「株式会社」などは省略したが、引用中のものはそのままとした。また、人物名の敬称は、省略させてもらった。

本書を執筆するにあたり、創成社の塚田尚寛社長と西田　徹氏にはお世話になり、感謝申し上げたい。

２０１７年3月1日

著　者

【注】

（1）Jeffrey Pfeffer and Robert I. Sutton, *Hard Facts, Dangerous Half-Truth, and Total Nonsense: Profiting from Evidence-Based Management*, Harvard Business School Press, 2006, p. 13 and p. 37.（清水勝彦訳『事実に基づいた経営：なぜ「当たり前」ができないのか』東洋経済新報社、２００９年、16頁及び50頁）。

目次

序章　マーケティングの沿革とインターナル・マーケティング

1　マーケティングの沿革

１９２９年にはじまる世界大恐慌以前、設立当初の企業では、技術系出身の人が経営者になることが多かった。当時は、技術が経営上最重要であるケースが大半だったからである。市場は、需要と供給の状態に依存していて、その市場を操作しようという考えは少なかった。その後、第一次世界大戦後にようやくマーケティングは注目を浴びることになる。第一次世界大戦後に、それまで拡大していた軍需発注の中断で在庫危機が起こり、ゼネラル・モーターズ（ＧＭ）、ゼネラル・エレクトリック（ＧＥ）、デュポン、シアーズ・ローバック、その他の企業は、ほとんどすべての日常の作業活動を綿密な需要予測と結びつけて行うようになった。この予測というのは、国民所得の大きさ、景気循環の状態、通常の季節変動、それに市場の予測シェアに基づくものであった。[1] こうした予測活動がマーケティングの起源であると考えられる。この時代は、こうした予測活動でさえ、特段重視されず、そうした状況が続いた。

ＩＢＭの場合についてみてみたい。同社は、製品の重要性は認識していたが、創設者たちがさらなる研究開発を求めたことが世界的な企業に発展するドライビングフォース（原動力）となった。

ＩＢＭの初代社長のトーマス・Ｊ・ワトソンは、セールスマンあがりで、セールスマンこそは企業発展の源と信じていた。しかし、研究開発の重要性を指摘され、エンジニアと技術者の数をわずか6年のうちに５００人から４、０００人以上にまで増やし、コンピュータ生産に踏み出した。

その際、息子のトーマス・Ｊ・ワトソン・ジュニアは「ヴェテランのセールス担当エグゼクティヴやプランナーたちは、深甚な懐疑の念を抱きつつ、この大量採用を眺めていた。彼らはＩＢＭの中核をなす歴戦のマーケティング・マンであり、穿孔カード機がいまだに飛ぶように売れているのを知っているだけに、われわれがエレクトロニクスの分野に慌てて参入するのは愚の骨頂としか思えないのだった(2)」と述べている。

ＩＢＭは、その後もマーケティングは重視しなかった。元ＣＥＯのルイス・ガースナーは、以下のように回想している。

「ＩＢＭにはほんとうの意味でのマーケティングの責任者がいなかった。事業部門にはその役割を理解している社員は皆無に近く、最初は無視しようとした。ＩＢＭは技術と営業のうえに成り立っている。そして、当時のＩＢＭでは、「マーケティング」という言葉は「営業」に他ならなかった[3]」。

１９６０年代になって、フィリップ・コトラーによって最初のマーケティングの教科書が刊行された。コトラーは、その時のことを次のように記述している。

「１９６０年代にはじめてマーケティングの教科書を調べたときのこと、そこには理論がないことがわかり愕然《がくぜん》としました。書かれていたのは優秀なセールスマンの特徴を示したリストや倉庫の役割、消費者の人口動態に関する記述、そのほかのいくつかの定義とリストでした。そこに示されていたのは市場の構造であって、市場の機能に関することではありませんでした。

私は、マーケティングに関する違った視点を提供したくて、１９６７年に最初の本である『マーケティング・マネジメント』を出版しました。その本は、経済学や行動科学、組織論、数学の理論を用いて、市場がどう機能し、マーケティング・ミックスを構成するツールがどう役に立つかを示した点がそれまでの教科書と異なっていました[4]」。

その後すべての事象に当てはまるわけではないが、１９１３年にはじまるフォード社による大量生産システムの普及などに伴い、製品が世界中に溢れてきたため、モノをつくれば売れる時代が終焉した。また技術だけでなく、その価値を伝える重要性から、「第二次世界大戦後、大企業の社長は営業出身者とマーケティング出身者で占められるようになった[5]」。

こうして「マーケティング」という用語が「営業」に取って代わり、顧客とのよい関係を築き維持する活動として認識された結果、マーケティングは最も重視されるマネジメント領域になった。その理想は、組織全体がマーケティング志向をもつこととされた。すなわち、その状態とは「マーケティングは特定部門の専有物ではなく、組織全体の理念となっている。こうした組織においては、もはや製造部門を助けて製品を市場に送り出すことがマーケティングの役割だとは考えられていない。製造部門や財務部門には、自らの機能を遂行するとともに、マーケティングを支援するのだという発想が貫かれている[6]」段階である。

もちろん、マーケティングを駆使しても、すべてのものが売れるわけではなかった。たとえば、フォードの元社長リー・アイアコッカは次のように述べている。

「自動車会社は消費者の心を操作し会社に都合のいい車を買わせることができると言う人がいるが、そんなこと神話にすぎない。私に向かってそう言う人がいると、微笑して「そう好都合にはいきませんよ」と答えることにしている。われわれの力をもってしても、消費者が買いたくないものを売ることはできないのである。ユーザーを引っ張るどころか、われわれのほうが引きずり回される。むろん、つくった車を買ってくれるよう、売り込みに最善の努力は払うが、いくら努力しても売れないものは売れない[7]」と。すなわち、当時もマーケティングは万能ではなかったのである。

今日に至り、徐々にではあるがマーケティングの生産性や効力が低下してきたと推測できる。クリスチャン・グルンルースは、「総費用に占めるマーケティングの割合は１９４０年代の20％から１９９０年には50％にまで上昇した。・・・この上昇傾向はすなわち50年間にマーケティングの大きな生産性の向上がみられていないということである。さらに、マーケティングコストに対する収益は算定することが難しいので、マーケティングの生産性を改善しようとする試みはほとんどみられない[8]」として、マーケティングの影響力が薄れてきたことを明らかにした。

ブランドについても変化がみられるようになった。ブランドに多くのお金を支払うのは、製品やサービスの優れた品質が他に類をみないからである。当然のことであるが、いかなる高級ブランドの製品やサービスでも品質が悪ければ売れなくなった。ただし、ブランドだけで売れるわけではないことは、これまでも確認されてきた。たとえば、ダイムラー・クライスラー元会長のユルゲン・シュレンプは、次のように指摘した。

「当然ながら、どんな市場の外国の消費者も、ある製品がドイツ製だというだけで高い代価を払おうとはしない。・・・「大事なのは製品の価格、有用性、品質、革新性だけなのです[9]」」。

次節でマーケティング機能がこのように低下した理由について考察したい。

2 マーケティング機能の低下

マーケティングの機能が低下した原因の1つとして考えられるのは、インターネットの普及である。

情報革命は、最初はマーケティングに大いに寄与した。情報伝達を容易かつ安価にしたからである。たとえば、トニー・シェイは「リンクエクスチェンジ」と名づけられたアイデアを考え出した。ウェブサイトの運営者は、バナー広告が自動的に自分のウェブサイトに現れるサービスに無料で登録可能で、ウェブサイトの訪問者数によって無料で広告枠が得られるポイントを獲得できるというシステムであった。[10] こうしたアイデアで広告が爆発的にネット上に氾濫した。

しかしながら、その後、ウェブサイトはマーケティングの価値を削いできた。企業が発信する製品やサービスに関する情報提供は、販売力の向上にそれほど寄与しなくなった。そうした情報は、すぐさま顧客ばかりでなく無消費者（今は顧客になっていないすべての潜在的な顧客）[11] によって評価され、どれほど宣伝しても製品やサービスに価値がみいだせなければ、それらの提供物は受け容れないどころか企業イメージを損ねてしまうのである。逆に広告などしなくともソーシャルネットワーク（ＳＮＳ）で「いいね（like）」が多ければ、すぐさま知れ渡り、企業が大金を払って行っているマーケティング活動以上の効果をもたらす。

スティーブ・ジョブズは、マーケティングよりも製品自体の重要性を次のように指摘した。

「市場を独占していれば、それ以上の成功なんてありえない。だから会社をさらに成功させるのは営業やマーケティング部門の人間であり、結局、彼らが会社の舵（かじ）を取ることによって、製造部門の人間は意思決定のプロセスから弾き出されてしまうんだ。そして企業は優れた製品を作ることの意味を忘れる。市場を独占するまでに会社を押し上げてくれた、製品に対する感性や先進的な製品を生み出す才能が、製品の良し悪しという概念がない経営陣によって無下にされてしまうんだ。

優れたアイデアを優れた製品にするのに必要な職人技という概念が彼らにはないし、たいていの場合、顧客をほんとうに助けたいという真摯《しんし》な思いにかけている[12]」。

そして、次のようにインターネットが企業規模を意味のないものにしてしまう現実を指示した。

「何十億ドルもだ。すぐに何百億ドルものモノやサービスがウェブで販売されるだろう。これは顧客に直接販売する究極のルートだと思う。また、世界一小さな企業でも、ウェブ上では世界最大の企業と同じように見せることもできるようになるだろう。だからいまから10年たって振り返ったら、ウェブがその後を決定づけたテクノロジーだということがわかるはずだ。コンピュータの社会的価値が確立する決定的瞬間だ。とてつもない変化が起きる。パソコンの世界に、これまでとはマッタク違う新しい命が吹き込まれるんだ。すごいことになるぞ。ほんとうさ[13]」。

アップルの創業者の1人で、もう1人のスティーブと呼ばれたスティーブ・ウォズニアックも、マーケティング部門が顧客のニーズだと考えたものに従って製品をつくっていくのではなく、エンジニアが好きなものをつくるエンジニアリングを中心とした会社を考えていた[14]。

グーグルでも、インターネットに関わる状況を次のように捉えている[15]。

「こうした激変の結果、いまや企業の成功に最も重要な要素はプロダクトの優位性になった。情報の管理能力でも、流通チャネルの支配力でも、圧倒的なマーケティング力でもない（いずれもまだ重要な要素ではあるが）。根拠はいくつかある。まず、消費者はかつてないほど多くの情報と選択肢を手にした。かつては圧倒的なマーケティング力や販売力があれば、お粗末なプロダクトでも市場の勝者になれた」。

すなわち、これほど情報があふれ、魅力的な選択肢がたくさんある状況では、いくら歴史やマーケティング予算があっても質の悪い製品に勝ち目はなくなった。たとえば、iグーグルなどは、ユーザーには受け入れられなかった。それらは、最高のプロダクトではなかったために、当然の報いとして消え去ったのだとグーグルは自戒している。

アマゾンのジェフ・ベゾスも「古い世界では持てる時間の30％を優れたプロダクトの開発に、70％をそれがどれほどすばらしいプロダクトか吹聴してまわるのに充てていた。それが新たな世界では逆転した[16]」と指摘している。

このようにして、今日求められているものは、マーケティング調査などでは判明しない、今までみたことも経験したこともない製品やサービスになった。アップル社のミッションは「今までみたこともないものを提供することによって、この世をよくすること」であるが、これについてスティーブ・ジョブズは、「実際にものを見せてあげるまで、本当のところ、何がほしいのかが消費者自身にもわからないことが多いんだ[17]」と指摘した。

こうした主張は、これまでもなかったわけではない。ＨＰ（ヒューレット・パッカード）創業者のデビッド・パッカードは「ひとつひとつの製品について、技術に貢献し、いままでにないものを作ろうと努力している」と述べた[18]。またソニー創業者の井深大元会長は「世の中にないもの」を新商品として定義していたし[19]、同氏は、「わが社のポリシーは、消費者がどんな製品を望んでいるかを調査して、それに合わせて製品をつくるのではなく、新しい製品をつくることによって彼らをリードすることにある。消費者はどんな製品が技術的に可能かを知らないが、われわれはそれを知っている。だからわれわれは、市場調査などにあまり労力を費やさず、新しい製品とその用途についてのあらゆる可能性を検討し、消費者とのコミュニケーションを通してそのことを教え、市場を開拓していくことを考えている[20]」として、マーケティングに重きを置かない経営を目指した。

技術ではなく、マーケティング費用を削減することで競争優位を築いてきた会社もある。今日、従業員220万人を擁する世界最大規模の小売業者ウォルマートは、「エブリデイ・ロープライス（EDLP）」戦略をとっていて、広告にかけるお金があれば、その分安くすると言っている。実際、ウォルマートは、「マーケティングには0・4%しか使っていません。投資家情報を見ていただければわかります[21]」としている。

わが国でも吉田カバンは、テレビ、新聞、雑誌、インターネットにいっさい広告を出さないので、社内に広告部や宣伝部を置かない。創業者は「広告にお金を使うのなら、そのお金を研究費にすれば、より質のいい本物のカバンをつくることができる。それがモノづくりの本筋だ」と記している[22]。

マーケティングに重きを置きすぎる危険性は、マイケル・マコビーの「マーケティング人格」でも比ゆ的に示されている[23]。「マーケティング人格」は、中心となる核がなく、絶えず自分の価値をチェックし、不安にさいなまれている。新しいものばかり追いかけているため、仕事にも人間にもじっくりと向き合うことができないし、周囲の状況に順応しすぎて自分がわからなくなり、首尾一貫したプロジェクトや自分のキャリア計画を見失ってしまうものと表されている。

また、これまでマーケティングをあまり必要としない会社もあった。通信会社の下請けで光ファイバーをつくっているなど、大企業の下請けを生業としている会社は、マーケティングを必要としないかもしれない。HP社では、設立当初ディズニーや国防省などを対象として製品を販売し、いわゆるBtoB（企業間取引）の仕事をしていた。HPは、かつて世界最大であったメイシーズ・デパートで計算機を売りだし「あなたにはわからないでしょうが、店に置かないとなにも売れないのです」とメイシーズのマネジャーから言われた時が消費者市場への参入であった[24]。このように、BtoBの業界では、マーケティングは不要ではないが、その重要度は低いであろう。

コンサルタント会社のマッキンゼーは、設立当初からネットワークを使い仕事をしてきた。そして「マッキンゼーにいるのは客《カスタマー》ではなく、依頼人《クライアント》だった。業務《プラクティス》と社員《ファームメンバー》であり、仕事《ビジネス》と従業員《エンプロイー》ではないのだ。売り込みもしなければ、製品も市場もなかった。哲学に反する交渉を、クライアントとすることはなかった。彼らは単に取り決めをした。規則はなく、価値観があった」[25]。そのため、マッキンゼーは、かつてはマーケティングをしないマーケティングを行っていた。つまり、『HBR（ハーバード・ビジネス・レビュー）』に論文を書き、ときおり記者たちに情報を提供し、ときおり情報誌を出版していたが、あからさまな自己宣伝は厳禁という姿勢を固く守っていた[26]。

こうした結果、「マーケティングは、過度に重視すべきではない」時代が到来したと言えるだろう。

このことは確認になるが、マーケティングの効果があまり認められない、あるいは意味のないものになった訳ではない。マーケティングが最も役立った例として、ペプシのケースがあげられよう。ペプシは、かつてラベルを隠してどちらがおいしいか尋ねる「ペプシチャレンジ」と、マイケル・ジャクソンのコマーシャルという二本立てのマーケティングでコカ・コーラに勝利した。[27] 同じく松下幸之助は、製品のよさが重要であることを認識していたが、同時に市場開拓のために、販売員に店を一軒一軒飛び込み訪問させた。自転車用ライトを販売していた当初は「代金は、商品が売れて客が満足したことが分かってから支払ってもらうつもりだ」と伝えていた。[28]

JINSの田中仁社長は、マーケティングの重要性について、次のように述べている。「柳井さん（ファーストリテイリングの代表取締役会長）にお会いしたときに言われた言葉に、「商品は広くお客様に知ってもらわないと売れない」というものがあった。どんなによい商品をつくっても、知ってもらわないと売れるわけがない。僕らの新商品「Air frame」、そしてJINS自体を日本全国の人に知ってもらうためには、これまでの広告の仕方では届かない。僕は、テレビCMを流すことを決めた。それも、1カ月で広告宣伝費を5億円投入することにしたのだ[29]」。

技術至上主義にこだわり、マーケティングを無視したことで失敗した例もある。コンピュータ事業の先達の1人、DEC（デジタル・イクイップメント・コーポレーション）社の創業者にして元会長のケン・オルセンのビジョンは、当初、顧客の需要にピタリと合っていた。しかし、技術的な完全主義に囚われていた彼は、顧客の需要の変化に十分な注意を払うことを怠り、組織を硬直化してしまって、市場に適応することができなかった。このため収益が激減し、株価も暴落して、彼は引退を余儀なくされたのである。[30] DECはコンパックに買収された後、HPに買収された。

アイビー・ファッションのヴァンヂャケットは、年間総売上げが100億円に近づいた頃から、売上げは増加するが強気一辺倒で生産量を増やすために在庫が膨らんで利益が落ち込み、回転資金がショートすることになる。そのため仕入れ資金が不足し、資本を借り入れなければならない状況に直面し、1978年に倒産した。[31] この例も、市場を考慮に入れなかったことによる失敗の例である。

マーケティングの影響力低下のもう1つの理由として、マーケティング部門の影響力が低下したこともあげられよう。組織全体がマーケティング志向を目指してきたことが原因となっていることが考えられる。たとえば、スターバックスのハワード・シュルツCEOは「信頼のおけるブランドは、マーケティング部門の企画室や広告代理店から生まれてくるのではない。店舗のデザイン、出店場所の選択、研修、製品、包装、商品の仕入れなど、企業の総合的な行動によって生み出されるのだ[32]」と指摘している。

キャピタル・ホールディングスの場合「チームの中でも販売よりサービスに詳しいという

人がいるので、ある程度は役割の分担が存在する。しかし、マーケティングとサービスは実際には一つの同じものであるということに、チームのメンバーは気づいた。サービスの人間がマーケティングを行い、マーケティングの人間が電話で顧客にサービスを提供しているのである[33]」というように、組織成員の多くがマーケティング活動にかかわることになったのである。このことは、一見よいことのように思われるかもしれないが、市場全体を見回すマーケティング部門の役割が低下する危険がある。

以上、マーケティングだけが企業の盛衰を左右するわけではないし、その効果が低下してきたことをみてきたが、市場がある限り、マーケティングは必ず役立つ。しかもドラッカーが指摘するように、市場は社会に不可欠である。すなわち、「特に経済発展を社会の目的の一つとするかぎり、市場の存在は、自由な社会にとっても、経済の安定と働きにとっても不可欠である。経済的な行動の基準としての経済合理性、すなわち価格というものが存在しなければ、経済社会も存在しない。かくして市場による価格がなければ自由な経済社会もあり得ない[34]」のである。事業を展開するうえで、市場調査は役立たない場合もあるかもしれないが、一般的には欠かせない計画上のプロセスである。

また、フィリップ・コトラーの言うように、マーケティングは、ネット社会でも求められている。すなわち、「消費者はこれまで以上に多くの知識や情報を手に入れています。興味あるカテゴリーの製品に関して、競合製品の特徴と価格をインターネットでたやすく調べることができます。製品そのものに大した違いがないと見ている消費者ほど、どれが最も安価であるかに注意を向けます。つまり、マーケターは製品の実質面だけでなく、顧客の心理面からも自社製品の差別化を求められているのです[35]」。

イギリスの多国籍企業ヴァージンでは、カスタマーサービスに限らず、宣伝、マーケティング、広報といった従来型の分業は完全に時代にそぐわなくなったとして、パブリック・リレーションズではなく、「ソーシャル・リレーションズ」というチームを立ち上げ、メディアスペース全体を管理し、会社のウェブサイトやコミュニケーションの情報が新鮮でおもしろく、ブランドの特徴である生意気で不遜な雰囲気が漂うようにする責任が与えられた[36]。今日では、パブリックというある意味、地域社会的な公の部分を対象にしていた活動から、広い社会あるいは地球全体の私的な関係者とのネットワークを対象として企業は関係をもたなければならなくなった。

そうしたソーシャルネットワークでも最初の「いいね」が必要である。すなわち、リードユーザーと呼ばれる新しい製品やサービスを真っ先に使ってもらえて消費の先導役となる顧客を生み出さなければならない。ウォルマートでさえ、0・4%もマーケティングに使っているのである。ウォルマートの企業規模を考えると、マーケティングに関わる費用は莫大な金額になる。

3　インターナル・マーケティングと人的資源管理

ＢＭＷジャパンの浜脇洋二初代社長は、日本市場に参入する際の壁について次のように述べている。[37]

「壁には、ふたつの段階がありましてね。ひとつは、製品を日本にもちこんでくる段階の壁、つまり、関税、検査、手続き等です。しかし、これらの方面は、日本政府の努力によって解消され、自動車でもかなり緩くなっているわけです。

もうひとつの壁は、もってきたものをどうやって売るかという段階の壁です。これは人が人にモノを売るわけですから、人の壁といってもいいんじゃないでしょうか。この点で、外資企業が一番困るのは、いかにして売る人を集めるかということ。そしてまた、販売網、流通網が系統化している日本で、どうやっていい代理店を集めて販売網を作っていくかということです」。

この話は、マーケティングにおけるＨＲＭの重要性を示唆している。

前述のように、かつてマーケティングは、製品の販売促進活動を意味していた。[38] アメリカにおける１９００年初頭から中葉の組織図には、デュポンでは「販売」、ＧＭでは「広報」と「営業」、シアーズ・ローバックでは「広報」が見当たるだけである。[39] 今日では、マーケティングの定義は拡大している。アメリカマーケティング協会（ＡＭＡ）によれば、現在のマーケティングの定義は「マーケティングとは、組織とそのステークホルダーの利益になる方法で、顧客にたいして価値を創造・伝達・提供し、顧客関係を管理するための組織の職能と一連のプロセスである」になっている。

このことからわかるように、マーケティングの対象はかなり拡大してきた。その中で、昔と大きく変わらないのは、人的資源である従業員のマーケティングにおける重要性である。たとえば、ウォルマートの創設者、サム・ウォルトンは、次のように述べている。[40]

「私はもっと大きな真理を見落としていたのだ。その真理とは、売価を下げれば下げるほど儲かるという、ディスカウンティングの原理と同じ理論である。つまり、給料であれ、ボーナスであれ、割引株であれ、従業員と利益を分かち合えば合うほど、自然に会社に利益がもたらされるという原理である。なぜかというと、経営者側の従業員への対応がそのまま、彼らのお客への対応となるからである。そしてまた、彼らがお客に気持ちのいい応対をすれば、お客は何度でも店に足を運んでくれるからである。

小売業においては、これが本当の利益を生む源である。満足して何度でも来店してくれるお客こそが、ウォルマートの驚異的純利益の源である。品揃えのよさや売価の低さだけでなく、わが社の店員の接客態度が他社より素晴らしいことも、お客がウォルマートを贔屓してくれる要因なのだ。したがって、わが社の組織全体を見渡してみても、店員と顧客の関係ほど重要な関係はないのである」。

本書は、ＩＭ、つまり、組織内部におけるマーケティングを対象としているのであるが、その目的は、マーケティングとＨＲＭの統合である。すなわち、ＨＲＭにマーケティングの理論を活用することが狙いである。世界一になった企業は、意識的にせよ無意識のうちにせよＩＭを用いてきた。それとＨＲＭを組み合わせることによって、よりよい効果をもたらすと期待される。

ＨＲＭとＩＭの関係については、諸説ある。たとえば、クリスチャン・グルンルースは、「ＨＲＭはインターナル・マーケティングに用いるツール、たとえばトレーニングや雇用、キャリア・プランニングといったものを提供する。インターナル・マーケティングは、このようなツールの使用方法のガイドラインを与えてくれる。すなわち、顧客志向的で技術力のある従業員をつうじてインタラクティブ・マーケティングのパフォーマンスを改善することを目的とする。上手くインターナル・マーケティングを遂行するには、マーケティングとＨＲＭの作業を同時に行わなければならない[41]」として、私見とは異なり、ＨＲＭをＩＭのツールと考えている。このことについては、後に詳述したい。

学問は、ソクラテス以来、明細化してきたし、それは人類にとって有益であった。たとえば、医学ができて、そこからさまざまな分野が派生してきたことから、私たちは専門的に診療が受けられるようになった。経営学においても、フレデリック・テーラーの『科学的管理法』以来、職長と組長に与えられていた職能が分離され、学問的明細化の分岐点になった。ドラッカーが指摘するように、ここに経営学の誕生をみることができる。その各職能はそれぞれ学問分野を形成してきた。

ＨＲＭは、ハーバード・ビジネススクールにおいて世界で最初に講義が行われた。それは、戦略的な問いに応えるため、組織行動、組織開発、労務管理、人事管理の理論的統合のためであった(42)。ミッションを達成するための戦略を実行するためには、これまで分離してきた職能の有機的統合が必要である。戦略的人的資源管理（ＳＨＲＭ：Strategic Human Resource Management）は、全社的経営戦略に役立つＨＲＭである。それは、戦略的マーケティングと同じ目的をもつ。

近年では、ＨＲＭにおいて伝統的なマーケティング・ツールであるマーケティング・ミックスの４Ｐ概念の応用がみられる。すなわち、そのＨＲＭミックスのＰとは、雇用政策（la politique de l'emploi）、報酬政策（la politique de rénumération）、人材育成政策（la politique de formation）、参加政策（la politique de participation）、評価政策（la politique d'evaluation）及び労働条件改善政策（la politique d'amélioration des conditions de travail）である。これらの政策はすべて相互に依存しているので、１つの政策に対する作用は、必然的に他の政策に影響を引き起こす(43)。

本書は、通常のマーケティングのテキスト同様、４Ｐ（製品〈Product〉、価格〈Price〉、流通〈Place〉、プロモーション〈Promotion〉の最適組み合わせを求めるマーケティング・ミックス理論に基づいて構成されている。

理論とは、「何が、何を、なぜ引き起こすか」を説明する、一般的な言明である。[44] この「理論（theory）」という言葉はギリシャ語に由来するもので、「劇（theatre）」と同じ語源をもつ。理論も劇も精神的なイメージあるいは情景を提供するものであり、もしそれがよいものであるなら、ともに聴取に興味をもたせることになる。[45] すなわち、1つのよい理論は、学問分野を超えて学際的に役立つと考えられる。

全社的戦略の実現に資するために、マーケティングとHRMにおいてそれぞれに研究されてきた理論をまとめるのが本書の課題の1つでもある。

【注】

（1）Alfred D. Chandler, Jr., "The United States: Evolution of Enterprise", in Peter Mathias and M. M. Postman, *The Cambridge Economic History of Europe*, Cambridge University Press, 1978, p. 119.（丸山惠也訳『アメリカ経営史』亜紀書房、１９８６年、１０６頁）。

（2）Thomas J. Watson Jr. and Peter Petre, *Father, Son & Co.: My Life at IBM and Beyond*, Bantam Books, 1990, p. 202.（高見　浩訳『ＩＢＭの息子㊤：トーマス・Ｊ・ワトソン・ジュニア自伝』新潮社、１９９１年、２８２頁）。

（3）Louis V. Gerstner, Jr., *Who Says Elephants Can't Dance?: Leading a Great Enterprise Through Dramatic Change*, Harper Business, 2002, p. 89.（山岡洋一・高遠悠子訳『巨像も踊る』日本経済新聞社、２００２

年、１２７頁)。

(４) Laura Mazur and Louella Miles, *Conversation with Marketing Masters*, John Wiley & Sons, Ltd, 1988, p. 8.(木村達也監訳・早稲田大学商学学術院木村研究室訳『マーケティングを作った人々』東洋経済新報社、２００８年、12頁)。

(５) Jeffrey Pfeffer, *The Human Equation: Building Profits by Putting People First*, Harvard Business School Press, 1998, p. 137.(守島基博監修・佐藤洋一訳『人材を活かす企業:「人材」と「利益」の方程式』翔泳社、２０１０年、１１２頁)。

(６) 恩蔵直人『マーケティング』日本経済新聞出版社、２００４年、19頁。

(７) Lee Iacocca with William Novak, *Iacocca: An Autobiography*, Bantam Books, 1984, p. 66.(徳岡孝夫訳『アイアコッカ:わが闘魂の経営』ダイヤモンド社、１９８５年、81-82頁)。

(８) Christian Grönroos, *Service Management and Marketing: Customer Management in Service Competition*, 3th ed, John Wiley & Sons Limited, 2007, p. 13.(近藤宏一監訳・蒲生智哉訳『北欧型サービス志向のマネジメント:競争を生き抜くマーケティングの新潮流』ミネルヴァ書房、２０１３年、13頁)。

(９) Jürgen Grässlin, *Jürgen E. Schrempp: Der Herr der Sterne*, Droemer, 1998, S. 293.(鬼澤　忍訳『ユルゲン・シュレンプ:ダイムラー・クライスラーに君臨する「豪傑」会長』早川書房、２００１年、２３２頁)。

(10) Tony Hsieh, *Delivering Happiness: A Path to Profits, Passion, and Purpose*, Grand Central Publishing, 2010, p. 46.(本条修二監訳『顧客が熱狂するネット靴店ザッポス伝説:アマゾンを震撼させたサービスはいかに生まれたか』ダイヤモンド社、２０１０年、73-74頁)。

(11) クリステンセンは、この無消費者に新しい機能をもたらすか、既存市場のローエンド(一番低価格品を求めている層)にいる顧客により大きな利便性または低価格を提供することによって、新しい市場を創出することを破壊的イノベーションと呼んだ(Clayton M. Christensen, Scott D. Anthony, and Erik A. Roth, *Seeing What's Next: Using the Theories of Innovation to Predict Industry Change*, Harvard Business

School Press, 2004, p. 293.（櫻井祐子訳『イノベーションの最終解』翔泳社、２０１４年、４０６頁）。

（12）Steve Jobs, *The Last Interview*, John Gau Productions & Oregon Broadcasting, 2011, p. 60.（「スティーブ・ジョブズ　１９９５」MOVIE PROJECT編『スティーブ・ジョブズ　１９９５　ロスト・インタビュー』講談社、２０１３年、61頁）。

（13）*Ibid.*, p. 126.（同上書、１２７頁）。

（14）Steve Wozniak with Gina Smith, *iWoz: Computer Greek to Cult Icon: How I Invented the Personal Computer, Co-funded Apple, and Had Fun Doing It*, W.W. Norton & Company, Inc., 2006, p. 232.（井口耕二訳『アップルを創った怪物：もうひとりの創業者、ウォズニアックの自伝』ダイヤモンド社、２００８年、３２７頁）。

（15）Eric Schmidt and Jonathan Rosenberg with Alan Eagle, *How Google Works*, Grand Central Publishing, 2014, pp. 13-14.（土方奈美訳『How Google Works：私たちの働き方とマネジメント』日本経済新聞出版社、２０１４年、29-31頁）。

（16）*Ibid.*, p. 15.（同上訳書、31頁）and George Anders, "Jeff Bezos Gets it", *Forbes*, April 23, 2012, p. 79.

（17）Jeffrey S. Young and William L. Simon, *iCon: Steve Jobs, The Greatest Second Act in the History of Business*, John Wiley & Sons, Inc., 2005, p. 262.（井口耕二訳『スティーブ・ジョブズ：偶像復活』東洋経済新報社、２００５年、４００頁）。

（18）David Packard, *The HP Way: How Bill Hewlett and I Built Our Company*, Harper Collins Publishers, 1995, pp. 106-107.（伊豆原　弓訳『ＨＰウェイ：シリコンバレーの夜明け』日経ＢＰ出版センター、１９９５年、１２６頁）。

（19）加藤善朗『井深流物作りの神髄：知的集団を動かして理想目標を実現する』ダイヤモンド社、１９９９年、１２４頁。

（20）盛田昭夫・下村満子・Ｅ・ラインゴールド『MADE IN JAPAN：わが体験的国際戦略』朝日文庫、１９９０年、１４４-１４５頁。

(21) ウォルマートの創設者、サム・ウォルトンは、経営スローガンとして「エブリデイ・ロープライス」、「満足の保障」、「お客に便利な営業時間」を掲げて成功した（Sam Walton with John Huey, *Made in America: My Story*, Bantam Books, 1992, p. 225.（渥美俊一・桜井多恵子監訳『私のウォルマート商法』講談社、２００２年、２８９頁）及び Brad Stone, *The Everything Store: Jeff Bezos and the Age of Amazon*, Little, Brown and Company, 2013, p. 118.（井口耕二訳『ジェフ・ベゾス：果てしなき野望』日経ＢＰ社、２０１４年、１６８頁）。

(22) 吉田輝幸『吉田基準：価値を高め続ける吉田カバンの仕事術』日本実業出版社、２０１５年、45-46頁。

(23) Michael Maccoby, *The Productive Narcissist: The Promise and Peril of Visionary Leadership*, Broadway Books, 2003, p. 64 and p. 130.（土屋京子訳『なぜイヤなやつほど出世するのか：ナルシシストがビジネスを支配する』講談社、２００４年、78頁及び１５８頁）。

(24) David Packard, *op. cit.*, p. 112.（前掲訳書、１３４頁）。

(25) Duff McDonald, *The Firm: The Story of McKinsey and Its Secret Influence on American Business*, Simon & Schuster, 2013, p. 45.（日暮雅道訳『マッキンゼー：世界の経済・政治・軍事を動かす巨大コンサルティング・ファームの秘密』ダイヤモンド社、２０１３年、57頁）。

(26) *Ibid.*, p. 155.（同上訳書、１８２頁）。

(27) Roger Enrico, *The Other Guy Blinked: How Pepsi Won the Cola Wars*, Bantam, 1986.（常盤新平訳『コーラ戦争に勝った！：ペプシ社長が明かすマーケティングのすべて』新潮社、１９８７年）。

(28) John F. Kotter, *Matsushita Leadership: Lessons from the 20th Century's Most Remarkable Entrepreneur*, The Free Press, 1997, p. 79.（金井壽宏監訳『幸之助論：「経営の神様」松下幸之助の物語』ダイヤモンド社、２００８年、92頁）。

(29) 田中　仁『振り切る勇気：メガネを変えるＪＩＮＳの挑戦』日経ＢＰ社、２０１４年、１０４-１０５頁。

(30) Manfred F. R. Kets de Vries, *Life and Death in the Executive Fast Lane: Essays on Irrational Organizations and Their Leaders*, Jossey-Bass Inc. 1995, p. 158.（金井壽宏・岩坂　彰訳『会社の中の

「困った人たち」：上司と部下の精神分析』創元社、１９９８年、１９９頁）。

(31) 宇田川　悟『ＶＡＮストーリーズ：石津謙介とアイビーの時代』集英社、２００６年、１７４頁及び１８５頁。

(32) Howard Schultz and Dori Jones Yang, *Pour Your Heart Into It: How Starbuks Built a Company One Cup at a Time*, Hyperion, 1997, p. 254.（小幡照雄・大川修二訳『スターバックス成功物語』日経ＢＰ社、１９９８年、３４７頁）。

(33) Michael Hammer and James Champy, *Reengineering the Corporation: A Manifesto for Business Revolution*, Linda Michaels Literary, 1993, p. 188.（野中郁次郎監訳『リエンジニアリング革命：企業を根本から変える業務革新』日本経済新聞社、１９９３年、２７９頁）。

(34) Peter F. Drucker, *Concept of the Corporation*, Transaction Publishers, 1946, p. 263.（上田惇生訳『企業とは何か』ダイヤモンド社、２００８年、２４４頁）。

(35) Laura Mazur and Louella Miles, *op. cit.*, p. 15.（訳書、24頁）。

(36) Sir Richard Branson, *Like a Virgin: Secrets They Won't Teach You at Business School*, Penguin Books, 2012, p. 250.（土方奈美訳『ライク・ア・ヴァージン：ビジネススクールでは教えてくれない成功哲学』日経ＢＰ社、２０１３年、３０４-３０５頁）。

(37) ＮＨＫ取材班・ジョージ・フィールズ・深田祐介・香西　泰『日本解剖４：経済大国の源泉』日本放送出版協会、１９８７年、42頁。

(38) Alfred D. Chandler, Jr. with the assistance of Takashi Hikino, *Scale and Scope: The Dynamics of Industrial Capitalism*, The Belknap Press of Harvard University Press, 1990, p. 30.（阿部悦生・川辺信雄・西牟田祐二・日高千景・山口一臣訳『スケール・アンド・スコープ：経営力発展の国際比較』有斐閣、１９９３年、23頁）。

(39) Alfred D. Chandler, Jr., *Strategy and Structure: Chapters in the History of the Industrial Enterprise*, The M.I.T. Press, 1962, p. 62, p. 159, and p. 273.（三菱経済研究所訳『経営戦略と組織：米国企業の事業部制

成立史』実業之日本社、１９６７年、74頁、１６６頁及び２７５頁）。

（40）Sam Walton, *op. cit.*, pp. 163-164.（前掲訳書、２１９-２２０頁）。

（41）Christian Grönroos, *op. cit.*, p. 387.（前掲訳書、３２７頁）。

（42）Michael Beer, Bert Spector, Paul R. Lawrence, D. Quinn Mils, and Richard E. Walton, *Managing Human Assets: The Groundbreaking Harvard Business School Program*, The Free Press, 1984, p. ix.（梅津祐良・水谷榮二訳『ハーバードで教える人材戦略』生産性出版、１９９０年、ⅳ-ⅴ頁）。

（43）Roger S. Yameogo, *Travaux sur les Nouvelles Pratiques de Gestion des Ressources Humaines: Proposition d'un Modéle pour une Organisation Performante*, Éditions Universitaires Européennes, 2010, p. 14.

（44）Clayton M. Christensen, James Allworth, and Karen Dillon, *How Will You Measure Your Life?*, Harper Collins Publishers, 2012, p. 12.（櫻井祐子訳『イノベーション・オブ・ライフ：ハーバード・ビジネススクールを巣立つ君たちへ』翔泳社、２０１２年、14頁）。

（45）Evert Gummesson, *op. cit.*, p. 229.（前掲訳書、３４３頁）。

第1章　インターナル・マーケティングとは何か

1　インターナル・マーケティングの誕生

インターナル・マーケティング（ＩＭ）が最初に提案されたのは、１９６７年のレオナルド・ベリーらの論文と言われている[1]。彼らは、ＩＭの必要性について次のように指摘した。「インターナル・マーケティングは、重要な内部市場（従業員）のニーズを満たすと同時に組織の目的を成し遂げる有用な内部製品（職務）をつくることと関係がある。より期待され、伝統的な用語の代わりに「インターナル・マーケティング」という言い回しを用いる理由は、外部顧客のニーズを満たす小売企業の能力は、ある程度内部顧客のニーズを満たすその企業の能力に依存するという現実に焦点を当てるためである」。

このインターナル・マーケティングを採用している会社の例として、デルタ航空があげられている。同社は、航空産業で最も低い乗客苦情数と最も低い従業員転職率の会社の１つなのである。

またベリーらは、IMとHRMの違いを次のように区別した。「小売企業のインターナル・マーケティングプログラムに対するもう一つの可能な構成要素は、人的資源管理という伝統的なパースペクティブ（人々を通して物事をなさしめること）から、代わりに代替的なパースペクティブ（個人と組織の目標が同時に満たされうるように人的潜在能力を開発すること）のほうへ移ることを意味する」。

その基本的前提は「満足した顧客をもつためには、企業は、同様に満足した従業員をもたなければならない」であったし、このことは、顧客として従業員を扱う、すなわち、マーケティングの原理を職務デザインと従業員の動機づけに応用することによって最もよく達成できるということであった(2)。

このように、IMは、サービス・マーケティングの分野から登場した。その目的は、モチベーションが高く、顧客に敏感な社員が外部顧客によりよいサービスを提供し、自主的に行動してもらうことであった。

2 インターナル・マーケティングの領域

IMのロジックは、単純である。従業員をお客のように扱うことで、満足した従業員が動機づけられた個人となり、より高い品質、より高い生産性をもたらす。その結果、満足した顧客がより高い利益をもたらすというものである。[3] これに反し、従業員を軽視した失敗として、モスバーガーのケースがある。櫻田厚会長兼社長は、台湾で直営店の統括をしていた時、ある女性スタッフから、「あなたからは私たちや台湾への愛が感じられない」と涙ながらに訴えられた。[4] 従業員は、お客と同じ立場や気持ちになる場合があるのである。

ＩＭが成果を得るかどうかは、従業員と顧客との関係を扱うインタラクティブ・マーケティング、さらには伝統的な会社と顧客との間のエクスターナル・マーケティングにも影響を及ぼす。インタラクティブ・マーケティングについては、従業員の満足は、顧客の扱いに少なからず影響を及ぼすであろうし、エクスターナル・マーケティングでは、従業員が会社のアンバサダーになり、会社イコール従業員の立場になることが理想として掲げられるからである。従業員が会社の価値提案を理解して入れ込むとき、エクスターナル・マーケティングはより有効になる。なぜなら、従業員が製品の宣伝活動家になるからである。[5]

バーチャル・コーポレーションの核心は、顧客が製品やサービスの管理に関わることであり、その意見を製品に反映することである。[6] そうした意味では、顧客が従業員ということになる。その従業員の要求を満たすのがＩＭである。この世界では、ＩＭもインタラクティブ・マーケティングもエクスターナル・マーケティングも1つになってこの世に必要で、あると望ましいものを生み出す活動になると考えられる。

ＩＭは、キリスト教の教義を経営へ適用したものとも言える。それは、マタイによる福音書第7章12節の「人にしてもらいたいと思うことは何でも、あなたがたも人にしなさい」というゴールデン・ルールと意図を1つにしている。すなわち、経営者（あるいは従業員）がしてもらいたいと思うことは何でも従業員（あるいは顧客）にしなさいということである。

ヴァージンの創設者リチャード・ブランソンは「どんな会社も、最前線で働く社員をあらゆる状況に対応できるように訓練することはできない。だが彼らが〝自分がしてほしいと思うサービス〟を心置きなく実行できる環境を整えることができる[7]」として、従業員がお客の立場になる必要を述べている。

顧客としての従業員に対するサービス提供という点からは、IMはインターナル・サービス（社内サービス）の提供を含むことになる。インターナル・サービスの品質は、職場と職場デザイン、従業員の採用と育成、従業員への報酬と承認、顧客にサービスを提供するためのツールといった要素から構成される[8]。

従業員がお客という考えは、マネジメントの面からは、相容れないところがあると思われるかもしれない。マネジメントは、コントロールが中心概念だからである。しかし、マーケティングは、会社と顧客との間によい関係を築くことを目的として、可変的変数をコントロールすることであるので、従業員関係でも類似点がある。

従業員を顧客とみなして経営してきた好例は、パタゴニアであろう。パタゴニアは、世界一のクライミング道具を従業員や友人向けにデザインしてつくっていた、小さな会社である。[9]そのため、創設者のイヴォン・シュイナードは、「雇用の第一原則は、できるだけ多くのパタゴニア従業員を真のパタゴニアの顧客で占めることだ。自分がデザインし、作り、販売するウェアを使っていればこそ、製品との直接の結びつきを保てる。わざわざ「顧客の身になって考える」よう努めなくても、自分自身が顧客だから、製品が期待に添わないと悔しいし、期待どおりだと誇らしさを覚える[10]」と述べて、従業員と顧客を同一視した経営を行ってきた。

また、ＡＮＡでは、お客様が「社内にもいる」と考えている。ここで、お客様とは、お金を払ってくれる方々（PAYING CUSTOMER）だけではなく、「スタッフ」も「EARNING CUSTOMER」や「SUPPORTING CUSTOMER」と表現されている。前者はお金を払ってくれるお客様に直接的に接して利益を得る立場のスタッフ、後者はそれをさらに支援する立場のスタッフを指している。[11]この見方は、スタッフも顧客のように利益の源であるため、大切にしなければならないことを示している。

確かに、顧客を重視しすぎても問題が起こる可能性がある。たとえば、フランセス・フレイらは「私たちが思うに、「お客様の声」を基準にビジネスを運営することはやめた方がいい。顧客の要望どおりに行動すれば、いいことをしたという満足感は味わえるだろう。しかし、顧客はたいてい、自分たちの要望がどれだけその会社のビジネスに負担をかけるのかを気にしない[12]」として、負担が重くなることを示唆している。また、こうした要望の聞き入れは過剰満足を引き起こすことにもなろう。

ＩＭにとっては困ったことに、従業員をまったく重視しない会社でも高業績をもたらしているという事実がある。アマゾンの創業者、ベゾスはボロぞうきんになるほど部下をこき使うし、社畜なら得られるはずの特典はほとんど与えない。また、キーパーソンが退社しても顔色ひとつ変えないことが多い[13]のである。こうした事実から、一部の研究者はＩＭが役立たないと主張している。注目してほしいことは、アマゾンの従業員には仕事にやりがいを感じている人もいるという事実である。後述するように、ＩＭの重要な役割は、従業員にとってよい製品、すなわちやりがいのある仕事を提供することである。このことに関しては、ＩＭは有用と言えるであろう。

ＩＭは、個人ばかりでなく組織をも対象とする活動である。近年の大企業では、内部組織あるいはグループ組織間に取引関係が存在するため、他部門や他組織を顧客とみなしてマーケティングを行うことがある。このシステムの起源と言われているのは、Ｐ＆Ｇ（プロクター・アンド・ギャンブル）のブランドマネジメント体制である。１９３０年代初めのＰ＆Ｇは、最高の人材を抱え、最高の製品をもち、最高のマーケティング組織をもっていたが、変化と改善を内側から刺激するために内部競争を導入したのであった[14]。このブランドマネジメント体制は、いわゆる事業部制であり、事業部内及び事業部間で統制を保ちながら、同時に独自性と創造性を最大化することをめざしていた[15]。

モトローラは、アメリカで最も成功する製品を生み出すために互いに競争する自律的なユニットを使用しているし、ゼロックスは、職能階層から数ダースの自己管理チームからなる9つの独立した事業単位で構成されるＩＭへ変えている。[16]

リチャード・バレィらは、組織内のユニットの生成とＩＭの関係を次のように説明している。

「内部エンタープライズは、自己管理ユニットを拡大し、会社内で他のユニットと売買し、互いに競争し、外部の競争相手とさえ仕事をする。ジョンソン＆ジョンソン、ＨＰ、ルフトハンザなどは、数百もの自律事業単位からなる完全な「内部市場経済」を形成している。内部企業間のインターナル・マーケティングの必要性が生まれ、この観点からすると、組織はもはや権力のピラミッドではなく、すべての市場のように内部エンタープライズのクラスターによってともにもたらされる変化しつつある事業関係の連結網になっている[17]」。

この中心的意味の1つは、インターナル企業間の「インタラクティブ・マーケティング」である[18]。

わが国における殖産興業には、内部市場と外部市場のインタラクティブ・マーケティングが活用されたものがある。渋沢栄一が、一橋家に仕官していた時、綿を物産化するために藩内の綿農家という内部市場と藩外の外部市場の操作を行った。渋沢は、そのことを次のように説明している。「いかに領分が狭いといっても主だった産物ともならぬのはすこぶる残念である、よってこれを一つの物産とするには、まず木綿を拵《こしら》える者から価を高く買取って、それを大阪または江戸へ送りて、売るにはなるたけ安くする道を設ければ必ず盛んになって、領分の富を増すに相違いない[19]」。

自立的ユニットの成功例の1つは、京セラの「アメーバ経営」であろう。アメーバ経営とは、会社の組織を「アメーバ」と呼ばれる小集団に分け、社内からリーダーを選び、その経営を任せることで、経営者意識をもつリーダー、つまり共同経営者を育成していくものである。アメーバ経営では、製品の市場価格がベースとなり、社内売買により市場価格が各アメーバに直接伝えられ、その社内売買価格をもとに生産活動が行われる。その結果、さまざまなアメーバが社内で売買を繰り返すので、社内の中にも市場が形成されることになる[20]。

このアメーバ経営は、製造業ばかりでなくサービス業においても用いられるようになっている。たとえば、病院の各診療科では患者の状況によって、院内の他の診療科やコメディカルと呼ばれる検査料、リハビリテーションなどに、さまざまな医療サービスを求めるが、これを社内取引とみなして経営を行っているのである[21]。

わが国において、IMの考え方を導入した初期の例がある。1950年代にトヨタは、従業員は社内の顧客になると予言したが、会社は内部市場となり、従業員は内部の顧客となった[22]。

次工程をお客とみなす考え方は、QC（品質管理）においても求められている。ジェフリー・ライカーは、QCからそうした考えが生まれた経緯を次のように述べている。

「トヨタは、米国の品質管理のパイオニアであるエドワード・デミング博士の教えを懸命に勉強した。デミング博士は、日本での米国式品質管理と生産性のセミナーで顧客の期待する要求に応えることは従業員全員の役割であると教えた。また、彼は、顧客に「社内顧客」を加えることによって顧客の定義を大幅に拡張した。デミング博士の教えに従えば、生産ラインやビジネスプロセス上にいる全員が顧客であり、彼らが必要としているものを必要とする量だけ供給することが重要になる。これが、デミング博士の「次工程がお客さま」という考え方の始まりだった。この言葉は、前工程は後工程に従わなければならないということであり、ＪＩＴにおいて最も重要な言葉のひとつになった。この考えなしにＪＩＴは成り立たない[23]」。

日本の品質管理の父と呼ばれる石川馨氏は、次工程はお客様であるとして、そのサービスの仕方を次のように指摘している。

「総務・人事・経理・生産技術・ＱＣ部門などのお客様は70％はラインである。従ってスタッフは次工程であるライン部門にどのようなサービスをしたらよいかということを考え、謙虚にサービスしなければならない。たとえば経理部が、自分が利益管理、原価管理をやっていると錯覚しているが、実際に利益管理、原価管理をしているライン部門、あるいはライン部門の長に、どのようなデータを提供すれば、ライン部門の人が原価・利益管理しやすいかを考えて、そのようなデータをサービスする責任があるのである[24]」。

この現象は、すべての従業員は別の従業員を自分の仕掛製品や完成製品、サービス、書類、情報などを受け取る顧客とみなすことを意味する。従業員は、前工程の従業員からよりよい製品、サービス、情報などを受け取りたいと思っている。

また、2016年よりトヨタは、製品別カンパニー制に移行した。カンパニー制とは、ソニーが始めた組織体制で、事業部に多大な権限を委譲して、その事業部を1つの会社のように扱う制度である。カンパニーごとにプレジデントが置かれ、1つの会社のように機能することになるので、利益責任を負うプロフィットセンターとして扱われる。これにより、内部市場や内部価格システムが誕生することになる。

このように、組織内市場にも、部門間マーケティングと部門顧客間マーケティングが存在する。

IMのその他の例として、販社などを活用する企業型垂直的マーケティング・システム、フランチャイズチェーンなどの契約型垂直的マーケティング・システム、そしてリーダー企業が協力企業を調整する管理型垂直的マーケティング・システムがある。これらはすべて他の組織との間で市場を形成している。

マックとディック・マクドナルド兄弟からマクドナルド名のハンバーガーショップの経営権を買ったレイ・クロックは、「我々は少数ビジネスマンの集合体なのだ。我々が公正な取引内容で、彼らのビジネスを助けている間は、我々も報酬を得るということだ」[25]として、フランチャイジーをお客とみなしている。そのため取引相手に対して「私は良い製品以外、何もいらない。これからは、ワインを送ったり、ディナーに誘ったり、クリスマスプレゼントを買ったりしないでくれ。コストを下げられるのなら、その分をマクドナルド店のフランチャイズパートナーたちに還元してほしいんだ[26]」と述べている。

ＩＭは、組織の内部と外部の境界があいまいになってきたことで必要性を増している。たとえば、昨日まで全員が正社員だったものが、今日からは、同じ人が働いているとしても、一部の人は派遣社員になっていたりする。

このように、組織内市場を対象としたＩＭと従業員を対象としたＩＭは、密接に関係している。また、ＩＭを導入することは、マーケティングにかかわる人が社員全員ということになり、それによって会社の成功をもたらすのがまさに「従業員と顧客」であることを浮き彫りにする。

さらに、今後の人々の働き方を予想すると、個々の人は、個人企業のように会社と契約して働くような仕事の在り方が増えていくものと考えられる。したがって、すべての従業員は顧客になる会社も出現するであろうし、今でもその兆候はすでにみられる。厚生労働省の調査では、非正規で働く人は、平成27年現在37・5％であり、これは昭和59年の15・3％の2倍以上に増加している。そのうち、派遣社員は6・4％、契約社員は15・5％、嘱託社員は5・9％であった。非正規従業員が全員、個人企業のように契約して働いてはいないが、そうした人も増加している。
心にとめておくべきことは「市場での売り買いのように、労働力を含め商品やサービスを買うことは利益をもたらしてくれるが、その利益の一つとして確固たる競争力を生まないこと。ある組織が買えるものは、ほかの組織も買える」[27]ことである。無印良品の松井忠三会長は、このことに関し、次のように述べている。[28]
「私の経験則で言うと、途中で採用した人は、多くが数年後に辞めてしまう傾向がありま す。以前、経理の担当者を数名中途採用したとき、しばらくは順調だったのですが、人材派遣の会社に引き抜かれてしまいました。ほかの社員も同じ時期に辞めていき、決算の直前だったので、社内はもう大混乱でした。そのとき痛感したのは、「お金だけで人を引っ張ってきたら、お金で引っこ抜かれる」と言うことでした」。
すなわち、コア・コンピタンスは、離してはならないということである。とりわけ、人的資源に関してはそのことが当てはまる。コア・コンピタンスとは、スキルを統合したものであり、他社にはない価値を顧客にもたらす企業の能力である。[29]このコア・コンピタンスは、人的資源の学習の積み重ねでしかもたらされない。

3 インターナル・マーケティングの目的

ＩＭの目的は、会社と組織内の人々及びこれから組織のメンバーになる可能性のある人の関係を市場関係とみなして管理し、組織と個人によい結果をもたらすことである。クリスチャン・グルンルースは、その目標として次の項目をあげている[30]。

① 従業員（マネジャー、スーパーバイザー、接客従業員、サポート従業員）に、企業が行うビジネス・ミッションや戦略・戦術を理解させ受け容れさせるのと同様に、製品、サービス、マーケティングのキャンペーンやプロセスを理解させ受け容れさせる。
② 組織内の人々の間にポジティブな関係性を構築すること。
③ マネジャーとスーパーバイザーに、サービス志向的なマネジメントやリーダーシップのスタイルを開発すること。
④ あらゆる従業員に、サービス志向的なコミュニケーション及び相互作用のスキルを教えること。

シタ・ミシュラは、ＩＭが重要な役割を果たすことができる領域を次のように指摘している[31]。こうした役割は、ＩＭの目的ともなる。

① 変化の管理―ＩＭは、関係者（雇用者と従業員）に共有される目標と価値をもたらす

ことができる。プレース（第5章で詳述）、情報技術の導入、新しい労働慣行などによる。
②企業イメージの構築―IMは、企業文化、構造、人的資源管理、ビジョン及び戦略と従業員の専門的及び社会的ニーズを統合する。
③従業員のエンパワーメント―IMは、従業員をエンパワーし、彼らに説明責任と責任を与える。第一線のスタッフは、顧客の要求を受け入れるためにエンパワーされなければならない。
④組織コミットメントを高める―IMは、事業の成功に対する従業員の価値ある貢献を評価することによって、顧客に対する非常に優れたサービスを提供することを従業員に奨励する。
⑤従業員満足―部門間及び職能間コンフリクトを軽減し、エクスターナル・マーケティング戦略を策定するために必要な協働とコミットメントをうみだすことを目的とするIMアプローチは、効果がある。
こうした目的は重要であるが、これ以外にも次のことが指摘される。
①労働市場においてマーケティングの手法を用いて、才能のある人材《タレント》を採用し、定着させる。
②従業員が満足し、成果をあげることのできる職務をつくり出す。

③ 従業員と経営者が満足できる報酬を提供する。
④ 内部労働市場を充実するために、従業員を育成し、ローテーションで経験を積ませ、キャリアを積ませて昇進させる。
⑤ 会社にとって利益源となるばかりでなく、従業員にとって仕事のしやすいスペースを提供する。
⑥ 従業員とのコミュニケーションを促進するための、社内向けの広告、カウンセリング、労使協議制、団体交渉などを活用する。

こうした目的が達成されることが肝心であるが、研究結果は、ＩＭ実務と組織の有効性と業績の間には実証的な関係はほとんどない[32]というものから、次のような証拠を示すものまで[33]存在する。

① 研究結果は、ＩＭが組織コミットメントに重要な影響をもたらすことを示した。
② 結果はまた、ＩＭがマーケット志向に重要な影響を及ぼすことを支持した。
③ 研究の発見事項は、組織コミットメントが、ＩＭとマーケット志向の関係を十分に調停するということを否定したが、部分的な介在は発見された。
④ 今回の研究は、ＩＭが銀行部門における事業業績の向上に影響を及ぼしたことを示唆した。

すなわち、ＩＭの効果は一貫性を示していないが、大切なことは、会社の業績や有効性にプラスをもたらす場合もあるが、マイナスの影響は及ぼさないという点である。

また、企業内マーケットの効果として、①全員が全体像をみられる、②迅速な取引が企業を素早い変化に対応させる、③企業内価格がサービスを個性化するなどがある[34]が、こうした効果は同じようにＩＭにも該当するであろう。

4 インターナル・マーケティングと人的資源管理

ＩＭという用語は、ＨＲＭの単なる同義語であると解釈される場合もある。たとえば、コトラーはＩＭを従業員が顧客によりよく仕えることができるように雇用し、訓練し、動機づけることと定義している。その意味では、ＩＭは、外部顧客を満足させる意図をもった優れたＨＲＭを意味している[35]。すなわち、ＩＭには、マーケット志向という組織文化が反映される。そのため、ＩＭが指摘しようと試みていることは、ＨＲＭプロセスにはマーケティングの役割が必要ということになる[36]。

しかし両者には、かなり異なる点もある。ＨＲＭはチームワークに焦点を当てているが、ＩＭは個人主義を強調する。ＩＭプログラムに対するもう1つの可能な構成要素は、ＨＲＭという伝統的なパースペクティブ（人々を通して物事をなさしめること）から、代わりに代替的なパースペクティブ（個人と組織の目標が同時に満たされうるように人的潜在能力を開発すること）のほうへ移ることを意味する。[37] ただこの考えは、ＩＭ重視がチームワークという大切なことをおろそかにする恐れがある。

ＨＲＭだけに依存する危険性は、次のように指摘される。[38]

「もし人材マネジメントの目的が完全に社内の戦略にのみフォーカスされ、かつ、この社内の戦略が的外れであった場合、人材マネジメント部門がいかに効果的であっても、皮肉なことにこの人材マネジメント部門は企業が顧客ニーズに迅速かつ効果的に応えられない状況を助長する結果を招く。したがって人材マネジメント部門は、顧客ニーズに自らでフォーカスしつつ、同時に社内のすべての活動が顧客ニーズにフォーカスすることを促す「社内の声」にならなければならないのだ」。すなわち、ＨＲＭは、製品とサービスのマーケットを考慮に入れていないのである。

もう1つの危険性は、ＨＲＭが人材に投資すれば、相手の立場や所属している社交ネットワークに関係なく大きな利益が得られると想定していることである。[39] しかし、利益をもたらすためには、職場のコミュニティを含めたネットワークという市場を考慮しなければならない。人は、市場よりも自分のコミュニティを重視しているので、過酷な会社でも辞めずに仕事をしている人が多い。しかし、市場が拡大すれば、コミュニティは捨てられるかもしれない。

ＩＭは、経営戦略とＨＲＭ、エクスターナル・マーケティング、インタラクティブ・マーケティング及び組織文化を統合する可能性をもっている。具体的には、「実務レベルでは、インターナル・マーケティングは、エクスターナル・マーケティング・キャンペーンの約束が伝えられるように人的資源管理と他の職能との調整を意味する。戦略的レベルでは、インターナル・マーケティングの主な目的は、顧客志向に従業員を動機づけることである。これには、支持的マネジメント・スタイル、募集政策、訓練と計画化の手続きが必要である」[40]。つまり、IMは、HRMの視点から外れているマーケット・ファーストという視点を提供する役割を担っている。

文献の綿密な研究は、IMが4つの方法でHRMにおけるギャップを埋めることができることを示している[41]。第一は、人的資源における競争優位を達成することによって、第二に、部門間コンフリクトを減じることによって、第三に、顧客に関心が高い従業員を引きつけ、リクルートすることによって、そして最後に、市場志向の人的資源をつくり出すため、現存のHRMツールを補足するマーケティング・ツールを用意することによって減じられる。

HRMは、労使関係という領域を扱っている。同様にIMも労使関係を対象にするのであるが、労働組合関与の諸局面がIMの第一歩の意図を脅かすという指摘がある[42]。すなわち、労働組合の役割は、アブラハム・マズローの欲求5段階モデルによって認められる欲求満足と類似の目標を共有しているとみなすことができるのである。労動組合員であることが低次欲求を満たすのは明らかであるが、提供されるその安全は、地位、帰属及び尊敬に関してもまた欲求を満たすと信じられている。

人事・労務管理に代わってＨＲＭが出現した原因の１つは、労働組合の組織率の低下とホワイトカラーの増加にあった。集団管理中心の従業員管理の必要性が薄れ、個人的な育成や業績の成果を個別に評価してそれに報いるという個人管理に重点を置く管理が必要になったためである。ＩＭは、労働組合の役割を代行することが可能なので、それが期待される。

団体交渉は、労働条件等に関する労使の共同決定のことである。団体交渉には、企業別組合とその企業の使用者で行われる単独個別交渉、単位産業別労働組合や複数の企業別組合が統一的な要求をもって、それに対応する使用者団体または使用者と行う統一交渉、複数の使用者と複数の企業別組合とがそれぞれ共同し、労使双方とも多数当事者が出席して行われる集団交渉、企業別労働組合の加盟する上部団体が直接個々の企業の使用者と行う対角線交渉がある。マーケティングの中心概念は、取引、すなわち２つの当事者間の価値の交換である。明らかに、労使関係はそうした取引であり、交換される価値のあるものは、お金だけではなく、時間、エネルギー、気持ちを含む[43]。そうした意味で、団体交渉もＩＭの対象になる。団体交渉には、上述のように、さまざまな種類のものがあり、対象となる市場はそれぞれ異なるので、注意深くＩＭを行わなければならない。

わが国ではＨＲＭは、人を使い捨てにする感じがするので「人材部」や「人財部」などの用語が用いられている。アメリカでも「ＨＲは管理的で官僚的な響きだが、「オペレーションズ」はエンジニアにとって信用できる肩書であり、実行力のある本物の能力をにおわせる」ということから、「ピープル・オペレーションズ」という用語がグーグルやフェイスブックをはじめとして20社以上で使用されている。[44] 今後は、ＩＭとピープル・オペレーションズを1つにした「ピープル・マーケティング・オペレーションズ」を提案したい。これまでの管理とは異なり、それぞれ要求をもった人の集合として市場を捉え、管理する方が、労使双方にとって有益であると考えられる。

【注】

（1）Leonard L. Berry, James S. Hensel and Marian C. Burke, "Improving Retailer Capability for Effective Consumerism Response", *Journal of Retailing*, Vol. 52, No. 3, Fall 1967, pp. 3-14.

（2）Pervaiz K. Ahmed and Mohammed Rafiq, *Internal Marketing: Tools and Concepts for Customer-focused Management*, Routledge, 2011, p. ix.

（3）*Ibid*., p. 111.

（4）櫻田　厚『モスバーガー流結果を出すリーダーの習慣』日経ＢＰマーケティング、２０１５年、１８５頁。

（5）Sita Mishra, "Internal Marketing: A Tool to Harness Employee's Power in Service Organizations in India," *International Journal of Business and Management*, Vol. 5, No. 1, January 2010, pp. 185-193.

（6）牧野　昇監訳『バーチャル・コーポレーション：商品を変える、人を変える、組織を変える』徳間書店、１９９３年、１２４頁。

（７）Sir Richard Branson, *op. cit.*, p. 25.（前掲訳書、44頁）。

（８）Steve Baron, Tony Conway, and Gary Warnaby, *Relationship Marketing: A Consumer Experience Approach*, SAGE Publications, 2010, p. 57.（井上崇道・庄司真人・菊池和夫・田口尚史・余　漢燮訳『リレーションシップ・マーケティング：消費者経験アプローチ』同友館、２０１２年、73頁）。

（９）Yvon Chouinard, *Let My People Go Surfing: The Education of a Reluctant Businessman*, The Penguin Press, 2005, p. 165.（森　摂訳『社員をサーフィンに行かせよう：パタゴニア創業者の経営論』東洋経済新報社、２００７年、２１６頁）。

（10）*Ibid.*, p. 166.（同上訳書、２１７頁）。

（11）ＡＮＡビジネスソリューション『どんな問題も「チーム」で解決するＡＮＡの口ぐせ』KADOKAWA、２０１４年、１８７頁。

（12）Frances Frei and Anne Morriss, *Uncommon Service: How to Win by Customers at the Core of Your Business*, Harvard Business Review Press, 2012, p. 193.（池村千秋訳『ハーバード・ビジネススクールが教える顧客サービス戦略』日経ＢＰ社、２０１３年、２３３頁）。

（13）Brad Stone, *op. cit.*, p. 267.（前掲訳書、３７０頁）。

（14）James C. Collins and Jerry I. Porras, *Built to Last: Successful Habits of Visionary Companies*, Harper Collins Publishers, 1944, p. 187.（山岡洋一訳『ビジョナリー・カンパニー：時代を超える生存の原則』日経ＢＰ出版センター、１９９５年、３１８頁）。

（15）Davis Dyer, Frederick Dalzell, and Rowena Olegario, *Rising Tide: Lessens from 165 Years of Brand Building at Procter & Gamble*, Harvard Business School Press, 2004, p. 92.（足立　光・前平謙二訳『Ｐ＆Ｇウェイ：世界最大の消費財メーカーＰ＆Ｇのブランディングの軌跡』東洋経済新報社、２０１３年、85頁）。

（16）William E. Halal, "From Hierarchy to Enterprise: Internal Markets Are the Foundation for a Knowledge Economy", in Richard J. Varey and Barbara R. Lewis eds., *Internal Marketing: Directions for*

Management, Routledge, 2000, p. 7.
(17) Richard J. Varey and Barbara R. Lewis eds., *Internal Marketing: Directions for Management*, Routledge, 2000.
(18) William E. Halal, *op. cit.*, p. 5.
(19) 渋沢栄一『雨夜譚：渋沢栄一自伝』岩波書店、１９８４年、１１０頁。
(20) 稲盛和夫『アメーバ経営：ひとりひとりの社員が主役』日本経済新聞社、２００６年、５頁、１３５頁及び１９５頁。
(21) 盛田直行『全員で稼ぐ経営：ＪＡＬを再生させた「アメーバ経営」の教科書』日経ＢＰ社、２０１４年、55頁。
(22) Richard J. Varey and Barbara R. Lewis eds., *op. cit.*
(23) Jeffrey K. Liker, *The Toyota Way: 14 Management Principles from the World's Greatest Manufacturer*, McGraw-Hill, 2004, pp. 23-24.（稲垣仁夫訳『ザ・トヨタ・ウエイ㊤』日経ＢＰ社、２００４年、78-79頁）。
(24) 石川　馨『日本的品質管理：ＴＱＣとは何か〈増補版〉』日科技連、１９８１年、１５２-１５３頁。
(25) Ray Kroc with Robert Anderson, *Grinding It Out: The Making of McDonald's*, St. Martin's Press, 1987, pp. 169-170.（野崎稚恵訳『成功はゴミ箱の中に：レイ・クロック自伝』プレジデント社、２００７年、２７１頁）。
(26) *Ibid.*, p. 137.（同上訳書、２１７頁）。
(27) Jeffrey Pfeffer (1998), *op. cit.*, p. 173.（前掲訳書、１４８頁）。
(28) 松井忠三『無印良品の人の育て方：〝いいサラリーマン〟は会社を滅ぼす』角川書店、２０１４年、26頁。
(29) Gary Hamel and C. K. Prahalad, *Competing for the Future*, Harvard Business School Press, 1994, p. 203 and p. 205.（一條和生訳『コア・コンピタンス：大競争時代を生き抜く戦略』日本経済新聞社、１９９５年、２５９頁及び２６２頁）。

(30) Evert Gummesson, *op. cit.*, p. 390.（前掲訳書、３３１頁）。
(31) Sita Mishra, *op. cit.*
(32) Norizan Saad and Pervaiz K. Ahmed, *Internal Marketing: An Integrated Holistic Model Proposition Using Mixed Methodology*, LAP LAMBERT Academic Press, 2010, p. 335.
(33) Khansa Zaman, Neelum Javaid, Asma Arshad and Samina Bibi, "Impact of Internal Marketing on Market Orientation and Business Performance," *International Journal of Business and Social Science*, Vol. 3, No.12, June 2012, pp. 76-87.
(34) Thomas W. Malone, *The Future of Work: How the New Order of Business Will Share Your Organization, Your Management Style, and Your Life*, Harvard Business School Press, 2004, pp. 100-102.（高橋則明訳『フューチャー・オブ・ワーク』ランダムハウス講談社、２００４年、１４６-１４８頁）。
(35) Dennis J. Cahill, *Internal Marketing: Your Company's Next Stage of Growth*, The Haworth Press, Inc., 1996.
(36) Norizan Saad and Pervaiz K. Ahmed, *op. cit.*, p. 46.
(37) Leonard L. Berry, James S. Hensel and Marian C. Burke, *op. cit.*, pp. 3-14.
(38) Ralph Christensen, *Roadmap To Strategic HR: Turning a Great Idea into a Business Reality*, AMACOM, 2006, p. 13.（梅津祐良訳『戦略人事マネジャー』生産性出版、２００８年、15頁）。
(39) Don Cohen and Laurence Prusak, *In Good Company: How Social Capital Makes Organizations Work*, Harvard Business School Press, 2001, p. 5.（沢崎冬日訳『人と人の「つながり」に投資する企業：ソーシャル・キャピタルが信頼を育む』ダイヤモンド社、２００３年、９頁）。
(40) Pervaiz K. Ahmed and Mohammed Rafiq , *op. cit.*, p. 60.
(41) Norizan Saad and Pervaiz K. Ahmed, *op. cit.*, p. 99.
(42) Peter A. Dunne and James G. Barnes, "Internal Marketing: A Relationship and Value-Creation View," in Richard J. Varey and Barbara R. Lewis eds., *op. cit.*, pp. 213-214.

（43）W. Earl Sasser and Stephen P. Arbeit, "Selling Jobs in the Service Sector," in *Business Horizons*, June, 1976, pp. 61-65.

（44）Laszlo Bock, *Work Rules ?: Insights from Inside Google That Will Transform How You Live and Lead*, John Murray, 2015, pp. 349-350.（鬼澤忍・矢羽野薫訳『ワーク・ルールズ！：君の生き方とリーダーシップを変える』東洋経済新報社、２０１５年、５２４頁）。

第2章 マーケティング・リサーチ

1 マーケティング・リサーチ

ＩＭにおけるマーケティング・リサーチは、採用の際の労働市場の調査を目的とする。そのためには、最初に調査課題や調査目的を設定しなければならない。調査課題と調査目的は、人的資源戦略、すなわち「人的資源をどのように構成したいのか、人的資源の要件をどのようなものにしたいのか、人的資源で何をしようとしているのか」に沿ったものになる。

その仕事は、最も重要なデータを収集することから始まる。1つは、組織内の人のだぶつきや不足を意味する内部労働市場の動向である。その他、有効求人倍率（全国の公共職業安定所に申し込まれている求職者数に対する求人数の割合）、完全失業率（収入を伴う仕事に調査期間中一度も従事しなかった者のうち、就業が可能でこれを希望し、かつ求職活動を希望した者）、そしてその他の労働市場の動向（地域別や職種別など）の情報収集を行う。

次に、類似の特徴をもつ従業員をグループ化するセグメンテーションを実施する。社内と社外の労働力の比率、正社員と非正社員（ストック型人材とフロー型人材）の比率、総合職と一般職、全国社員と地域限定社員、管理職と専門職、職種別職員といった社員セグメントの分析をする。

その後、戦略遂行のために必要な人的資源を決定するターゲティングを行う。ターゲットとする人的資源が決まったら、次は、重点要員を決定するポジショニングを決定する。ポジショニングは、確認された障壁を克服すると同時に従業員のニーズを満たすための一連の戦術的行為を生み出すことを目的とするもので、特定の従業員セグメントに適切に組み合わされ区別された給付を与えることを含む。[1]

さらに、以下のような製品開発や市場戦略に使う診断テクニックを応用する。[2]この方法は、顧客への訴求価値を査定する方法と同じである。

① あなたの会社のＥＶＰ（従業員のための訴求価値）が現在どのくらい強力かを査定する。成績優秀者、新人、その他主要グループの離職率を調べる。リクルーティングのオファーが、どのくらいの確率で受け入れられるか、新規雇用者の質はどうか、など。

② あなたの会社がターゲットとする市場のニーズを理解する。現在、過去、未来の従業員に対する調査を行い、彼らにとってどんなＥＶＰの要素が重要か、商品を「買う」あるいは「変える」決断をさせるのに、何が一番重要なのかを理解する。あなたの会

社のＥＶＰに引きつけられる人材層を特定する。

③　あなたの会社のＥＶＰが、競争でどの程度の力をもつかを検討する。人材をめぐって争うライバル企業はどこか、相手のＥＶＰの強みと弱みが、どんな点にあるかを理解する。

④　自分の会社のＥＶＰの強みと弱みを見極める。他社よりも秀でている点と、劣っている点をリストアップする。

⑤　どんな点を改善すべきかを決める。

こうした調査とデータ収集の後、データ分析と解釈を行い、次の採用マーケティング計画を策定する。

2　採用マーケティング計画の策定

採用マーケティング計画とは、経営戦略を遂行するために、労働市場の調査結果を分析し、人材充当目的を達成するための計画である。労働市場には、内部労働市場と外部労働市場がある。内部労働市場とは、社内の労働市場であり、社内の労働配分を決める従業員の集合である。通常、内部労働市場で人員がまかなえない場合に外部労働市場から「採用」という形で人材を調達する。

その際、組織目的を達成するために必要な従業員の技術、専門的知識、全体の人数を定義し、現存の従業員に照らして追加的な人的資源要件を決定しなければならない。とりわけ、どういう能力をもった人が必要なのかは、重要項目である。たとえば、フェイスブックでは「採用は、心得の良し悪しで決めよ。スキルは後から教えられるが、情熱は教えられない」[3]とし、ＩＢＭでは「人材の選考と成功する受入れは、キャリア開発と従業員の参画度向上の要である。それらは、その後に起こるすべてのことを決定づけてしまうのである」[4]としている。

わが国では学業成績よりも意欲を評価する傾向があり、「優秀な人が、いい仕事をするとはかぎりませんからね。いい人なら間違いなくいい仕事をしますね」[5]と考える経営者が多い。日本電産の永守重信社長は「能力の高い人を採用するというよりも人並みの能力を持つ人材を採用して、彼らの意識を高めることに全力を傾注する。わが社が創業25年で、売上高2、600億の企業グループに成長した要因はここにある」[6]と述べている。研究結果は、最高の業績が言葉で説明できる知識である宣言的知識と操作の技術だけで説明されるという仮説を十分に支持していない[7]。

これに対して、優秀な人を採用しようとしている企業もある。アメリカの例ではあるが、マッキンゼーの採用基準は「将来のリーダーとなるポテンシャルをもった人」である[8]。グーグルも同様に優秀な人材を求めている。

労働市場には、外部と内部の中間市場が存在する。この市場に属する人は、これまで会社に関わった人たちである。たとえば、昔勤めていた人とかアルバイトに来ていた人などがこれに含まれる。ＨＲＭは、こうしたあらゆる関係のある人たちの有効利用を目的としているので、会社によっては、それらの人たちに関する技能や資格などのデータ蓄積をしていて、いつでも連絡をとれるようにしている。

非正規の従業員も中間市場に含まれる。無印良品では、アルバイトやパートの人をパートナー社員と呼んでいて、このパートナー社員から正社員を採用することを「内部採用」と名づけている。内部採用では、性別も学歴も関係なく、実力でステップアップしてきた人が公正に評価される[9]。タイトヨタは、ラインの生産労働者につき非正規での採用を原則とし、のち働きぶりによって正規に昇格させる方式に切り替えた[10]。

出戻りを許さない会社もあるが、歓迎しているところもある。ＤｅＮＡでは、出戻りをおおむね歓迎しており「外を見て、視野を広げたうえでまた選んでもらえるならその選択は本物だし、ＤｅＮＡのよさや課題を客観的に捉えて改革の旗振りをしてほしい。組織に属さず、プロジェクト単位でゆるやかに繋がっている元社員もいる。会社と個人の関係はそんなに固定的でなくてもいいのかなと思う[11]」として、元社員を活用している。トヨタは「プロキャリア・カムバック制度」、富士通は「カムバック制度」を設け、それぞれ出戻りを認めている。

また、コンシャス・カンパニー（すべてのステークホルダーに愛され、富と幸福を創り出して大成功を収めた意識の高い会社）は、昔勤めていた社員でさえ会社の支援者として頼っている。マッキンゼーやオーストラリアの法律事務所ギルバート&トービンでは、毎年正式のOB・OG会が開かれている。[12] 2001年に発足した「P&G卒業生ネットワーク」加入者は、すでに2万5,000人を超えているし、マッキンゼー・アンド・カンパニーは公式な制度を1960年代から運営しており、今では、「同窓生《アラムナイ》」と呼ばれる会員数は、2万4,000人超と大きく育っている。[13] こうした考え方は、雇用を「アライアンス」とみなすもので、自立したプレーヤー同士が互いにメリットを得ようと、期間を明確に定めて結ぶ提携関係である。[14] この場合、その人と会社の終身関係は維持して、場合によっては改めて期間を定めて働いてもらう。

リード・ホフマンらは会社を退職した「卒業生」ネットワークに投資すべき4つの理由を次のように整理している。[15]

① 優れた人材の獲得に役立つ

会社を離れていた「出戻り」社員が、またコミットメント期間で復帰しやすくなる。非常によい採用候補者を紹介してくれる。きちんとした「卒業生」ネットワークが導入されているという事実そのものが、素晴らしい人材が内定を受諾する決め手になる。

② 有力な情報が得られる

競合に関する情報、効果的な事業のやり方、注目の業界トレンド、その他諸々の情報が得られる。

③　顧客を紹介してくれる

「卒業生」自身が顧客になったり、他の顧客を紹介してくれたりする。

④　「卒業生」はブランド・アンバサダーである

「卒業生」は第三者の立場にいるため、より客観性が高いと思われる強みがある。「卒業生」がソーシャルメディアで特定の商品や取り組みについて推薦したり、顧客や潜在顧客のツィッター上のつぶやきに返答したりすると、現役の社員にはどうしても出せない信頼感がある。

「よい会社の条件は」と問われて、無印良品の松井忠三会長の「人が辞めない会社です」[16]という答えは正しい。なぜなら、離職率が低いということは、会社への満足度が高いことの表れであるからである。しかし、今日では企業によっては、いわゆる終身雇用を守ることが困難になったばかりでなく、M字型を形成している女性の労働力率、政府の「1億総活躍社会」の実現要請などがある。したがって、外部でありながら内部労働市場とみなされる「卒業生」を柔軟に活用するという方法は、募集や選抜のコストをかけずに人材を活用できる選択と考えられる。エクスターナル・マーケティングでは、新しい顧客を獲得するよりも顧客の離反率を下げるほうがコストが低く利益率が高いことが示されるが、これと同じように、新人を一人前にするのに数年という年月とかなりの教育費がかかるので、優秀な従業員の離職率を下げることは経費の削減につながる。しかも、前に勤めていた人は、企業文化を理解しているので、「その会社のやり方」をすぐ実行できる。

外部労働市場には、標的市場をどこに求めるかを中心とした戦略レベルの計画と、それを具体的に実現する方法を示した戦術レベルの計画がある。最初に以下の調査が必要になる。

① 市場潜在力の測定（これには、総市場潜在力と地域市場潜在力があり、特定の条件の下で特定の期間に得られる最大売上高を予測する）。

② マクロ環境のトレンド（トレンドとは、ある程度の勢いがあり、持続的な事象の方向性もしくは連続性のことである）。

戦略レベルに関しては、学歴別、大学の専攻別、国籍別、経験別などさまざまな標的市場を選定することから始めなければならない。

以下では、IM計画の策定に際しとりわけ考慮しなければならない「インターナル・ブランドとしての従業員」、「採用の法的規制」及び「ダイバーシティ」について個別に考察していきたい。

3　インターナル・ブランドとしての従業員

ブランドとは、AMAの定義によれば「売り手の製品やサービスを特定する、他者のものとは異なった、名前、言葉、サイン、シンボルなどの特徴」である。ブランドの機能は、自社の製品やサービスと他社のそれを区別する識別機能やあらかじめ期待される性能、機能効率、効果などの信頼性機能ばかりでなく、見栄などの意味付与機能などがある。

会社はブランドであるが、それを構成する従業員もブランドである。従業員は、ブランド資産価値《エクイティ》の主要な構成要素になる。任天堂でスーパーマリオ、ゼルダの伝説、ドンキーコングなどの生みの親として知られる宮本茂代表取締役は、従業員時代、同社にとってのブランド・エクイティの生みの親でもあった。

インターナル・ブランディングは、組織の全従業員が、ブランドの価値、属性及びポジショニングの完全な理解と、そのブランドを生活の中に実践しブランド価値と全従業員の信念を合わせることで、ブランドを表明する能力を備えさせる目的をもつ(17)。

インターナル・ブランディングは、①インターナル・コミュニケーション、②ブランド志向の訓練、③ブランド志向の人材募集、④ブランド志向のリーダーシップという主として4つの活動から成り立っている(18)。

また、従業員は、会社のインブランドとも言えるであろう。インブランドとは、最終製品に含まれるイングリーディエント（部材）のブランディングである。このブランドは、目にみえない利用（イメージ）、情報効率（時間の節約）リスク低減（信用）という基本的機能を備えている(19)。

インターナル・ブランドとしての従業員の質を確保するためには、採用が重要になる。労働市場を含め、マーケットプレイスがうまく機能するためにまず何より必要なのは、取引を希望する参加者を大勢集めて、彼らが最高の取引を探し当てられるようにすることである。[20]

4 採用の法的規制[21]

よい従業員を採用する際に、マーケットの規制を知っておき、コンプライアンス（法令遵守）として従うことが必要である。

第一に、雇用対策法に則り、従業員の募集・採用に年齢制限を設けてはならない。また、事業主は、新たに外国人を雇い入れる場合には、その者の氏名、在留資格、在留期間その他厚生労働省令で定める事項について確認し、当該事項を厚生労働大臣に届け出なければならない。

第二に、男女雇用機会均等法により、事業主は、労働者の募集及び採用について、その性別にかかわりなく均等な機会を与えなければならない。

第三に、求人者は、自らがウェブサイトその他を通して直接募集を行うことは、原則として自由であるが、例外的に年齢制限に関する雇用対策法などの規制がある。委託募集（委託を受けて募集を行う事業者）に関しては、求人者から委託を受けて有料で募集事業を行う場合は許可制（厚生労働大臣の許可）、無料で行う場合は届出制となっている。労働条件（募集条件）の明示や個人情報の保護も行わなければならない。

その他、採用の際には、労働基準法に基づき、労働条件を「書面」で明示しなければならないなどの規制がある。

経済産業省の平成27年10～12月期「海外現地法人四半期調査」によれば、わが国企業は約400万人の現地従業員を雇用しており、国際化が進んでいる。そのため、たとえば、トヨタや資生堂は、人材の評価基準を世界で統一した「グローバル人事制度」を設けているし、パナソニックは、日本人幹部と同じ評価基準を外国人幹部にも適用している。

グローバル化した企業は、上記の日本の法的規制ばかりでなく、他国の法律にも精通することが欠かせない。その代表は、アメリカの規制であろう。

アメリカ雇用機会均等委員会によれば、米国法で禁止されている雇用差別は、①年齢（年齢によって不利な扱いを受けることであるが、40歳以上の人の年齢差別は禁止されている）、②障がい（障がいをもっていることで不利な扱いを受けること）、③同一賃金・報酬（同じ職場の男女は、同じ仕事に対して同じ賃金が支払われなければならない）、④遺伝子情報（雇用における遺伝子情報による差別を禁止している）、⑤ハラスメント（人種、皮膚の色、宗教、性（妊娠を含む）、出身国、年齢（40歳以上）、障がい、もしくは遺伝子情報をもとにした迷惑行為）、⑥出身国（特定の国もしくは特定の世界の出身であること、民族性やアクセントのため、あるいは一定の民族的背景にあると思われることによって候補者もしくは従業員を不利に扱うこと）、⑦妊娠（妊娠、出産もしくはそれらに関係する健康状態を理由として、候補者や従業員の女性を不利に扱う）、⑧人種・肌の色（一定の人種もしくは人種に関連した個人的特徴が原因で不利に扱うこと）、⑨宗教（宗教上の信念で不利に扱う）、⑩復讐（差別の訴訟を起こすか、職務上の差別について雇用者もしくは他の対象事業者に不平を述べたか、雇用差別の訴訟手続きに関わったことを理由に解雇したり、降格したり、嫌がらせしたり、さもなければ復讐すること）、⑪性（性の違いで不利に扱う）、⑫セクハラ（性の違いで嫌がらせをすることであり、望まない性的誘惑、性的行為の要求及び性的特徴のある口頭もしくは肉体的嫌がらせを含む）である。[22]

5 ダイバーシティ

ダイバーシティ（多様性）には、女性の活用ばかりでなく、国籍、宗教、人種、民族、年齢などさまざまなものがあり、それぞれ有効に活用するばかりでなく、尊重しなければならない。厚生労働省では、一億総活躍社会の実現に向けて、若者・高齢者、女性・男性、難病や障がいのある方、生活困窮者など、誰もが社会の一員として、家庭や職場、そして地域で、それぞれ自分らしく活躍できるチャンスが得られるようにするために、「全産業の生産性革命」、「希望出生率1・8」、「介護離職ゼロ」、「生涯現役社会」の実現に向けて、政策を総動員して取り組んでいる。

こうした外部からの要求ではなく、自主的にダイバーシティを推進するには理由がある。まず、優秀な人材を獲得できる。すなわち、新卒日本人男子以外に、これまで以上に門戸が開かれることにより、外国人や女性などの優れた人材が社員として入社してくる確率が高まる。第二のメリットは、市場の多様化に対応できることである。

また、「女性の職業生活における活躍の推進に関する法律（女性活躍推進法）」により、従業員301人以上の企業は、①採用者の女性比率、②勤続年数の男女差、③月ごとの労働時間、④管理職の女性比率について自社の女性の活躍状況を把握して、改善点を分析し、女性の活躍推進に向けた「行動計画」を都道府県労働局に届け出て、従業員と社外への周知しなければならなくなった。こうした従業員への周知とインターネット等による自社の女性の活躍状況に関する情報提供は、優秀な人材確保をもたらすであろう。

ダイバーシティに関する実証研究は以下のことを示している。[23]

第一に、在職期間については、それが多様な場合、一般的に社会的統合を妨げ、コミュニケーションを不十分なものにし、グループの離職率を高めることを多くの研究が実証している。また、在職期間が均一なグループの方が、パフォーマンスが高いという研究結果と、多様な方が高いとする、相反する証拠もある。

第二に、経歴の多様なグループは、均一なグループよりも、関連性のある専門知識を豊富にもっているものと考えられている。トップマネジメントチームに関するいくつかの研究は、経歴（職歴・職能と教育歴）のダイバーシティが拡大すると、企業の成長を促し、戦略的取り組みが増えると報告した。

第三に、年齢の多様なグループは、コミュニケーションが困難であり、コンフリクトが生じる可能性が高く、社会的統合が困難である可能性がある。しかし、年齢のダイバーシティはグループ内の創造性とパフォーマンスへのプラスの影響をもつ可能性がある。しかし、そのことを示す有力な実証結果はいまだ存在していない。ただ、離職と欠勤に関しては信頼性のある証拠があり、年齢が最も離れた者が離職あるいは欠勤するというマイナスの影響を示した。

第四に、ジェンダー・ダイバーシティ（性差の多様性）は、通常グループにマイナスの影響を与え、特に男性に対してマイナスの影響を与えるものであるが、それは高い離職率とむすびついている。

第五に、人種・民族に関しては、いずれの研究も結論には到達していないが、総じて人種・民族のダイバーシティについては、マイナスの影響を与える可能性を示している。

また、財務業績については、リスクの高い環境下では同質すぎても異質すぎてもうまく機能せず、中間がちょうどよい。これは特にジェンダー・ダイバーシティにおいて顕著にみられる現象であった。

これらの結果は、メリットばかりでなく、デメリットも示している。これらは、文化的な影響が作用していたり、教育的影響もあるかもしれない。しかしながら、ダイバーシティの取り組みと研修にはプラスの成果があることが明らかとされている。[24]

ジェンダー・ダイバーシティを経営戦略として採用しているP＆Gは「ダイバーシティが理解できない企業とは取引しない」と喧伝している。[25]このように、ダイバーシティを尊重しないとビジネスを行えなくなるであろう。

多様な人材がいたほうが組織は強くなる。有機的組織が必要な業界では、ますます異質の人材が必要となっているはずである。それは、ジェンダー・ダイバーシティだけではない。会社には「戦略立案が得意な人、サイトデザインができる人、システムがつくれる人、お客さんがとれる人、お金を守る人、チンピラを追い払える人、安価で斬新なマーケティングが組める人など、いろいろな役者が必要なのである[26]」から、より広い見地からダイバーシティを推進すべきである。

ＩＭを行う際、ダイバーシティは、市場の拡大という意味でも役立つ。女性は女性のことが男性よりはわかる。たとえば、日産自動車には、日本初の女性デザイナーがいる。女性が運転するようになったので、ますます女性視点の内外装は必要であろう。

見返りのないダイバーシティの尊重だけでは、企業は取り組みにしり込みするところも多いと思われる。

6 募集

採用計画が決定したら、次は募集である。その際に、求人方法の選定、そして募集の宣伝を行う。ここで、最も肝心なことは、できるだけ多くの人に応募してもらうことである。人を引きつける魅力の創出として、①熱意をもって取り組める、刺激的な仕事の存在と提供、②一流の企業、一流の企業文化、一流のリーダーたちの存在、③富と報酬の保障、④成長と能力開発、⑤自分と家族の生活を大事にする、⑥人間的側面（すばらしい人間関係）などがある。[27] 日本でも2016年の転職人気企業ランキング1位になったグーグルの究極の採用スローガンは「グーグルで働いて長生きしよう」である。[28]

もちろん、募集対象は、自国だけに限定されない。日立では、2016年に海外人員数147、308人に対し、国内人員数187、936人で、海外人員が半数になりそうな勢いである。

「イケアのマーケティングは世界中のどこでも同じというわけではない。広告とコマーシャルに関しては、ブランド・アイデンティティを明確に規定したガイドラインがつくられてはいるが、広告を制作する代理店は国ごとに異なっている。つまり、マーケティング戦略は一様ではなく、地域の事情や国民性が考慮されているのである」[29]というように、ＩＭでも海外を含めた募集では、当事国の規制や慣習、文化などを考慮しなければならない。

（１）求人方法

求人方法には、企業が自ら新聞や雑誌等を用いて労働者を募集する文書募集、労働者に直接働きかけて応募を勧誘する直接募集、事業主がその被用者以外の者に委託して募集を行う委託募集の３つがある。最初の２つの方法は自由であるが、委託募集は許可制となっている。

企業が自ら求人を行う直接的方法ではなく、第三者の職業紹介を通して求人を行う間接的方法には①学校、②公共職業安定所、③人材銀行や人材斡旋機関などの紹介ルートがある。

委託募集とは、労働者を雇用しようとする者が、その被用者以外の者に労働者の募集を委託することである。

公共職業安定所《ハローワーク》は、全国どこからでもインターネットを使い個別の求人情報が検索できるサービスを行っている。このシステムは、個別企業ごとに仕事の内容、賃金・休日などの労働条件、年齢制限、最寄りの鉄道路線名などの情報を提供し、全国から求人を募ることができる。また、新卒者のための求人情報もインターネットで発信しているほか、「リクナビ」や「マイナビ」などの就職情報サイトにも新卒応援ハローワークなどを掲載している。

（2）募集の宣伝

これには、企業自身によるものとリクルート専門機関による宣伝とがある。最近では募集を含め、採用活動全般にインターネットを利用する企業が増加しつつある。かつて行われていた厚生労働省の「雇用管理調査」によれば、募集方法として、公共職業安定所等、安定所が主催する合同説明会、企業等が主催する説明会・セミナー、民間職業紹介事業所、職業情報誌・就職情報サイト、ホームページ等による自社独自のウェブサイト、学校の先生等の紹介・推薦、リクルーター制、縁故、無回答となっていた。

また、「ツイッター」を活用して、会社説明会などの募集の宣伝をしている会社もある。LINE、フェイスブック、インスタグラムなどのSNSを利用したオンライン・リクルーティングと呼ばれるインターネットを活用した募集は、その手軽さ故「本気度」を見極めることが困難であるという問題はあるものの、多くの応募を集められる点では望ましい。ゲームを活用するゲーミフィケーションが使われる場合がある。[30] ゲームを使ったシュミレーションで会社がどんな活動をしているかわかるよう加工されたメッセージを提供するなどがその例である。

わが国の伝統的な募集には縁故募集があるが、これは、紹介者が責任をもってよい人を推薦するのでリスクが少ない。グーグルでも「創業以来長きにわたり、わが社にとって最高の人材供給源は既存社員からの紹介だった。一時は、ほかの社員の紹介で入社した人が全社員の半数以上を占めたこともある」[31]としていて、縁故募集が日本に限られたものではないことを示している。縁故募集は、マッチング市場の1つである。マッチング市場は、価格がすべての役割を担わず、また誰と取引するかが問題になる市場である。[32]

募集は、ダイバーシティを考慮したものが望ましい。ダイバーシティは、多様な学校からの採用が含まれる。荻野五郎ミネベア元社長によれば、同じ学校から多く採用していると、退社するときも次々退社するばかりでなく、昇進時に難しい問題に遭遇する。また、一校から多くを採用することは困難なので、一校一名を原則としていた。[33]これにより、求人難時代を乗り越えたばかりでなく、今なお多くの学校から応募が来ている。

7 選　考

選考方法として、大企業の場合、ホームページ上で行うのが一般的である。たとえば、トヨタの場合、エントリーシート提出後、学力検査・適性検査が行われ、これが一次選考になる。その後2回の選考を経て採用となる。ソニーでも第一次の書類選考をネット経由で一本化し、ホームページ上で氏名や希望職種、自己PRなどを告げてもらい、その後に面接対象者を決定している。アメリカでは、ビデオ履歴書を提出してもらい、個人的な情報をプレゼンしてもらう方法も用いられている。[34]

こうした募集や選考の際のインターネット利用には、求職者も求人者もお金をかけずに短時間で求める人材や職を探せるという大きなメリットがある。

ＩＴ化が今後ますます進めば「必要な人材を、必要な時に、必要な人数だけ」確保するという人材のジャスト・イン・タイム化が可能となる。その際には、ナレッジ・ベースの外部リスト（社外の人的資源の情報）と内部リスト（社内の人的資源の情報）を管理し、いつでも必要な時に引き出せるようになる。

新卒者の選考の場合は、①書類選考、②健康診断、③筆記試験（一般常識・基礎学力、作文・小論文）、④適性検査、⑤面接試験（集団面接や個人面接）、⑥実技試験などが選抜方法として採用されている。このうち、適性検査には、能力適性検査、性格適性検査、総合適性検査がある。能力適性検査には、一般的な能力を調べる一般知能検査、特定の能力を調べる職種別能力適性検査が含まれる。性格検査は、行動特性や性向の個人差を把握するもので、総合適性検査は、人材の全体的特徴を調べるものである。

選考の際、最も重視されるのは、選考目的（たとえば、どのような専門能力や知識をもつ人材を必要としているのか、どのような経歴をもつ人が必要なのか、どのような性格の人が望ましいのか、など）を明らかにするとともに評価基準の一貫性を保つことである。そのためには、構造的面接を用いるのが効果的である。構造的面接とは、あらかじめ質問が設定されている面接で、非構造的面接は、面接官が自由に質問する形式である。一定の決められた質問と自由質問が組み合わされたものは、半構造的質問と言う。

面接については、さまざまな部門からのいろいろな人が何回も行うことによって、間違いなくよい人材を獲得できる確率が高まる。すなわち、級内相関係数と呼ばれる評価者間の評価の一致度が上がるのである。グーグルは「事前にうまく社員を選べば、雇った後は手間をかけずにすむ」という考えのもと、採用にかける費用は平均的な企業の2倍以上支出されている。同社は、かつては20回も面接をしていたが、試行錯誤の末、4回目の面接で86％の信頼性で予測できる「4回の法則」を発見した。(35) この法則がすべての企業に当てはまるかどうかは明らかではないが、参考にはなる。

また、選考にあたっては、社会的公正性が認められることが望ましい。性別、年齢、国籍、人種、宗教などの人権的公正性、選考方法や選考手順の納得性などの選考過程の公正性、選考方法や会社情報を正確に伝えているかなどの情報提供の公正性などが求められる。

採用は、市場のニーズと企業のニーズのマッチングによって決まる。すなわち、それは、需要と供給の原則だけでなく両者の思惑が一致しなければ成立しないものであり、これをスープストックトーキョーなどを経営するスマイルズの遠山正道社長は「恋愛採用」と呼んでいる。(36) 会社と個人がお互いに相手を好きになり、ありのままの姿をみせ合う恋愛関係を続けた果てに、納得して結婚するように、店長から女性社員までが「今何をしていて、どういうことを思っているか」ということや相手にとって嬉しくないかもしれない話をして、「相思相愛」になった後に入社してもらうことにしている。遠山社長は「この面接を経て、最終面接に残った学生たちは、本当に優秀で魅力ある人ばかりでした」と、その結果を評価している。

経営者と同じ考えをもった人材を求めている会社もある。スターバックスのハワード・シュルツは「パートナーと組むときも社員を採用するときも、あなたと同じ情熱、意欲、目標を持つ人物を選ぶことが必要だ。そういう人たちと一緒に目標を追求すれば大きな力を発揮できる[37]」と述べている。

マッチング理論は、職業指導の父と呼ばれるフランク・パーソンズによって提唱されたものである[38]。これは、自分自身（適性、能力、興味、資源、限界など）を正確に知ることと、さまざまな職業についての情報（賃金、環境等）を得ることによって「どの職業に就くべきか」というキャリアに関する意志決定を行う。このマッチング理論は、個人の最適就職口を求めるのに用いられているが、IMにおいても使えるツールである。市場のニーズと企業のニーズのマッチを求めるのが採用だからである。

仕事の内容と人材のミスマッチが生じている理由は「採用時の能力や専門性の判定がうまくいっていない」ことが最も多い。クレイトン・クリステンセンは、組織が人材を採用する場合には、候補者の経歴を説明する形容詞にとらわれずに、候補者が過去に取り組んだ難題を示す、「過去形の動詞」に注目すべきとしているが[39]、これは、コンピテンシー（行動特性）の重要性を指摘している。コンピテンシーに関する研究は、デビット・マクレランドが、職務上の業績においてだれが成功するかは、適性テストよりもコンピテンシーや個々の特徴のほうが効果的であることを示す論文を発表したことに始まる[40]。これは、学業成績とか技能や技術といったスキルよりも、率先行動や柔軟性などのコンピテンシーのほうが業績と大きく結びつくことを意味する。

企業は、採用にあたって試用期間という適格性を調査し、正社員の資格を判定する期間を通じてミスマッチを解消しようとしてきた。厚生労働省によれば、中学、高校、大学の卒業3年後の離職率は、それぞれ65・3％、40・0％、32・3％（いずれも平成24年3月卒業者）となっている。この数字は、かなり高く、多くの学生が就職した会社をすぐに退職していることを示している。こうした求人者と求職者間のミスマッチを解消する方法として導入された制度に「インターンシップ」がある。インターンシップは「学生等が在学中に自らの専攻、将来のキャリアに関連した就業体験を行うこと」と定義され、文科省は、学生の参加数に目標値を設けている。なお、高校生対象のものはジュニア・インターンシップと呼ばれる。

その他の就職機会の拡大と雇用のミスマッチ解消策として、新卒者体験雇用事業、ジョブカード制度、ギャップイヤーなどがある。新卒者体験雇用事業は、厚生労働省が就業の決まらない学生を試験的に雇う事業主に奨励金を支給する制度である。ジョブカード制度では、国から助成を受けた企業が求職者を有期雇用し、現場実習をさせて就業能力証明書を発行する。ギャップイヤーはイギリスで制度化されており、大学入学前にボランティア活動などの社会経験を積ませて目的意識を明確にするものである。

8　社内異動のマーケット

社内異動は、内部労働市場を対象とするマッチングである。通常、それは辞令という形で組織の上部から降りてくる。具体的には、トップの見解などであり、「どのくらい会社思いか[41]」などで評価される。しかし近年では、「社内公募制度」や「社内FA（フリーエージェント）制」と呼ばれる、配属先を自分で希望する選択肢もみられる。アメリカン・エクスプレスでは、社内の異動は90％以上が社内公募制で実施されているし、フェデックスでも管理職への応募は、社内公募制度により行われている[42]。

また、マッキンゼーのように、辞令が天から降ってくることはあり得ず、各人がそれぞれ自身のキャリア形成に対して、主導権をもっている会社もある。海外転勤についても、海外赴任希望のコンサルタントは自分で「○○オフィスに行きたい」と声を上げ、その理由を説明し、受け入れ先オフィスとも事前に話し合って、ニーズがあることを確認しておくなど、主体的な活動が求められる。こうした結果、マッキンゼーは「優秀な人材を、彼らの最も必要とする分野や企業に再分配する仕組み[43]」という効率的な人材配分市場を活用して、卓越性を確保してきた。

企業は、半年とか年一回「自己申告制度」により、希望勤務地、希望配属先、健康状態などに関するデータを収集している。しかしながら、この制度では、提案制度と同じように積極的意見は出にくい。なぜなら、「何でもします」、「どこでも行きます」という社員のほうが上司の評価は高いと推測されるからである。したがって、制度だけでなく、マッキンゼーのような組織文化を育む必要がある。従業員の動機は、効率的な配置と自己統制権限を与えることによって企業のニーズと一致するであろう。わが国でも、こうした効率的な人材配分市場の利用が要請される。

9　管理職のマーケット

管理職についても、新入社員と同じように内部労働市場ばかりでなく外部労働市場から採用する時代になった。内外の労働市場全般を視野に入れる採用は、アメリカなどでは一般的であるが、そうでない会社もある。ＧＥは、外部から採用するより、経験によって積み上げられた共通の知識がＧＥにとって何倍も価値があると考えるので、１９００年代の昔から、リーダーを内部から昇進させている。[44]

ここでは、わが国が外部労働市場に注目し始めた背景からみていきたい。

かつて財閥では、経営者と平社員や工員の賃金差は大変大きなものがあった。たとえば、三井の益田孝は、賞与として利益金の1割を受け取っていた。また、明治20年までは、所得税というものが存在しなかったので、自腹で部下を連れて温泉などへも行けた。管理職も少なく、平社員との賃金などの報酬の違いが大きかった。その後、高度成長に伴い、組織規模の拡大によって、ほとんどの人が課長まではは昇進できるという時代が到来した。しかし、それは長続きせず、得点主義と管理職任期制度が登場した。それまでの減点主義では、チャレンジすると失敗する確率が高まるので、働かない人が昇進することが増えたためであった。また、高度成長後に管理職のポストが少なくなったため、職能資格制度と呼ばれる社内資格と部長などの職位を分離する政策が実行された。これによってピラミッド型の組織構造は、ビアダル型に移行した。そこで、組織のスリム化を図るために、会社はこれを廃止し、職務の内容や重要度に応じて賃金を決める職務給制度を採用した。

賃金については、管理者と平社員との差は徐々に減少してきて、管理職の負担の割には賃金が高くない状況が出現した。これは、内部労働市場が機能するようになったためである。すなわち「ある会社で、部長のポスト数に一致するまで、それに就きたい人の数が減るように、部長の仕事量や責任の大きさを増やしていく。そうした条件が満たされて初めて、「市場」での部長のポストについての需要の均衡が達成されるのである(45)」。こうした市場原理をすべての企業が視野に入れてきたわけではないかもしれないが、仕事量と責任の拡大と賃金の低下により昇進希望者は減少した。

最近では、こうした反動もあってか経営者報酬は欧米並みに増加してきている。その大きな理由として、サムスンのように世界中から優秀な人材を集めようとする動きが出てきたし、積極的な現地採用や、トヨタなどが導入した人材の評価基準を世界で統一した「グローバル人事制度」などに伴い、社長までの距離が国を超えて同一になってきたことなどがある。

こうした環境変化の影響で、管理者などについても外部労働市場が重要になってきた。その結果、内部労働市場においてもベンチマーキングの手法が用いられるようになる可能性が出てきた。すなわち「より有利な条件を示す他社を例に出して上司と交渉することが、会社内での昇進を勝ち取る早道でもある(46)」ことにもなる。

10 離職

業績評価システムとしてバランスト・スコアカードを使用している会社では「豊かな才能をもつ人を採用して維持する」という戦略目標を達成する尺度として、重要な従業員の離職率を採用している(47)。離職率とその原因もマーケティング・リサーチの対象とし、報酬制度などの労働条件やエンパワーメント（権限移譲）がなされているかどうかなどの仕事の在り方などの再考に役立てることが望ましい。

離職率は、内外の労働市場、とりわけ新卒採用に影響を及ぼすため、注意深く原因を調べなければならない。自発的離職者は、有能な人材である場合が多い。そうした人材はどこでもすぐに働けるからである。有能な人材が離職しないように調査をするのは、ＩＭの役割である。また、新卒者は、なぜ会社の離職率が高いのかに関する情報をネットですぐ収集できるので、この点からも注意しなければならない。

人材の確保のために企業を買収した場合には、社員の退職を防がなければならない。そのための待遇は、ゴールデン・ハンドカフ（金の手錠）と呼ばれる。楽天は「グローバル市場で企業が成功するかどうかは、その企業が人材市場で戦いを有利に進められるかどうかにかかっている。企業を買収すれば、その国の人材市場へ参入できる」[48]として、買収した企業の経営に携わる人になるべく残ってもらえるようにしている。

解雇については、内部労働市場が飽和状態になり、市場の拡大が望めない場合には実施される。ダイムラー・ベンツＡＧは、１９９１年にはほぼ38万人が雇われていたが、１９９６年までに、従業員の数は29万人まで削減したし、ＧＥの元ＣＥＯジャック・ウェルチは、41万2、０００人を22万2、０００人に減らした[49]。

わが国においても、ソニーは２００３年の「ソニーショック」と呼ばれる2万人削減から始まり、２０１７年のリストラ完了宣言まで約3万5千人の人員削減を行った。

解雇は、したくなくとも避けられない場合がある。コカ・コーラは新卒採用を行っており、ほとんど終身雇用と言ってもよいのであるが[50]、この終身雇用を守れなくなった場合を考えて、他社で働ける能力である「エンプロイアビリティ」をつけさせている。解雇に対する配慮は、残った従業員のモチベーションに影響を及ぼすので、怠ってはならない。

11 まとめ

ＩＭにおける「マーケティング・リサーチ」は、適切な人的資源を獲得するための活動である。そのためには、調査課題や調査目的を設定し、調査の実施とデータ収集の後、データ分析と解釈を実施する。その結果をもとに採用マーケティング計画の策定をするのであるが、その際、採用の法的規制やダイバーシティを考慮しなければならない。実際の募集、選考、採用については、ＩＭ部門が独立している場合はＨＲＭと共同で行う。また、内部昇進ばかりでなく、外部からの採用も取り入れる可能性が高まっているので、その方面のリサーチも必要になっている。さらに、離職とその理由に関する調査は、今後の採用ばかりでなく人材の保持の点で重要である。

【注】

（1）Pervaiz K. Ahmed and Mohammed Rafiq, *Internal Marketing: Tools and Concepts for Customer-focused Management*, Routledge, 2011, pp. 40-41.

（２）Ed Michaels, Helen Handfield-Jones, and Beth Axelrod, *The War for Talent*, McKinsey & Company, Inc., 2001, p. 65.（マッキンゼー・アンド・カンパニー監訳・渡会圭子訳『ウォー・フォー・タレント：〝マッキンゼー式〟人材獲得・育成競争』翔泳社、２００２年、１１２-１１３頁）。

（３）Ekaterina Walter, *Think like Zuck: The Five Business Secrets of Facebook's Improbably Brilliant CEO*, McGraw-Hill Books, 2013, p. 97.（斎藤栄一郎訳『マーク・ザッカーバーグの思考法』講談社、２０１４年、１３９頁）。

（４）Mary Ann Bopp, Diana A. Bing, and Sheila Forte-Trammell, *Agile Career Development: Lessons and Approaches from IBM*, IBM Press, 2010, p. 108.（川喜多　喬・平林正樹・松下尚史監訳『ＩＢＭのキャリア開発戦略：変化に即応する人事管理システムの構築』同友館、２０１４年、１０８頁）。

（５）高根沢一男『顧客満足度10年連続日本一の会社の人材育成術』エール出版社、２００７年、58頁。

（６）永守重信『人を動かす人になれ！』三笠書房、１９９８年、19頁。

（７）Ute-Christine, Jessica Grazi and Tusharika Mukherjee, "Typical and Maximum Performance", in Ioannis Nikolaou and Janneke K. Oostrom, *Employee Recruitment, Selection, and Assessment: Contemporary Issues for Theory and Practice*, Psychology Press, 2015, p. 234 and pp. 228-244.

（８）伊賀泰代『採用基準：地頭より論理的思考力より大切なもの』ダイヤモンド社、２０１２年、２３９-２４０頁。

（９）松井忠三、前掲書、23頁。

（10）小池和夫『強い現場の誕生：トヨタ争議が生みだした共働の論理』日本経済新聞出版社、２０１３年、２１４頁。

（11）南場智子『不格好経営：チームＤｅＮＡの挑戦』日本経済新聞出版社、２０１３年、２３２頁。

（12）John Mackey and Rajendra Sisodia, *Conscious Capitalism: Liberating the Heroic Spirit of Business*, Harvard Business School Press, 2013, p. 90.（鈴木立哉訳『世界で一番大切にしたい会社：コンシャス・カンパニー』翔泳社、２０１４年、１１８頁）。

(13) Reid Hoffman, Ben Casnocha, and Chris Yeh, *The Alliance: Managing Talent in the Networked Age*, Harvard Business Review Press, 2014, pp. 129-130.（篠田真貴子監訳『アライアンス：人と企業が信頼で結ばれる新しい雇用』ダイヤモンド社、２０１５年、１５０-１５１頁）。

(14) *Ibid.*, p. 8.（同上訳書、26頁）。

(15) *Ibid.*, pp. 132-136.（同上訳書、１５２-１５７頁）。

(16) 松井忠三、前掲書、14頁及び18頁。

(17) Nicola Murphy, *Internal Marketing: An Exploration into the Affects of Internal Marketing on Employee Commitment to the Charity Brand*, LAP LAMBERT Academic Publishing, 2010, p. 20.

(18) Daniel Almgren, Peter Ek, and Oliver Göransson, *The Relationship between Internal Branding and Affective Commitment: Aligning Communication on All Customer Touchpoints*, LAP LAMBERT Academic Publishing, 2012, pp. 18-19.

(19) Phillip Kotler and Waldemar Pfoertsch, *Ingredient Branding: Making the Invisible Visible*, Springer Berlin Heidelberg, 2010, p. 293.（杉光一成訳『コトラーのイノベーション・ブランド戦略：ものづくり企業のための要素技術の「見える化」』白桃書房、２０１４年、３０２頁）。

(20) Alvin E. Roth, *Who Gets What—and Why: The New Economics of Matchmaking and Market Design*, Mariner Books, 2015, p. 8.（櫻井祐子訳『フー・ゲッツ・ホワット：マッチメイキングとマーケットデザインの新しい経済学』日本経済新聞出版社、２０１６年、16頁）。

(21) 鈴木好和『人的資源管理論・第４版』創成社、２０１４年、参照。

(22) http://www.eeoc.gov/laws/types/

(23) 谷口真美『ダイバーシティ・マネジメント：多様性をいかす組織』白桃書房、２００５年、１２９-１３０頁及び１９４頁。

(24) 同上書、２３０頁。

(25) 和田浩子『Ｐ＆Ｇ式世界が欲しがる人材の育て方：日本初のヴァイスプレジデントはこうして生まれた』

ダイヤモンド社、２００８年、２３４頁。

(26) 南場智子、前掲書、２１０頁。

(27) Ed Michaels, Helen Handfield-Jones, and Beth Axelrod, *op. cit.*, pp. 47-61.（前掲訳書、90-１０６頁）。

(28) Laszlo Bock, *op. cit.*, p. 308.（前掲訳書、４６４頁）。

(29) Sara Kristoffersson, *Design by IKEA: A Cultural History*, Bloomsbury Publishing, 2014, p. 9.（太田美幸訳『イケアとスウェーデン：福祉国家イメージの文化史』新評論、２０１５年、27頁）。

(30) Derek S. Chapman and David Mayers, "Recruitment Process and Organizational Attraction", in Ioannis Nikolaou and Janneke K. Oostrom, *op. cit.*, pp. 36-37, pp. 27-42.

(31) Laszlo Bock, *op. cit.*, p. 78.（前掲訳書、１３３頁）。

(32) Alvin E. Roth, *op. cit.*, pp. 228-229.（前掲訳書、３０４頁）。

(33) 荻野五郎『部下をやる気にさせた社長の手紙』講談社、２００１年、１０２-１０３頁。

(34) Annemarie M. F. Hiemstra and Eva Derous, "Video Résumés Portrayed: Findings and Challenges", in Ioannis Nikolaou and Janneke K. Oostrom, *op. cit.*, pp. 45-60.

(35) Laszlo Bock, *op. cit.*, p. 61 and p. 103.（前掲訳書、１０６頁及び１７１頁）。

(36) 遠山正道『スープで、いきます：商社マンがSoup Stock Tokyoを作る』２００６年、１４１-１４６頁。

(37) Howard Schultz and Dori Jones Yang, *op. cit.*, pp. 85-86.（前掲訳書、１１３頁）。

(38) Frank Parsons, *Choosing a Vocation*, Biblio Life, 1909.

(39) Clayton M. Christensen, Scott D. Anthony, and Erik A. Roth, *op. cit.*, p. 286.（前掲訳書、３９２頁）。

(40) David C. McClelland, "Testing for Competence Rather Than for 'Intelligence'", *American Psychologist*, 28, 1973, pp. 1-14.

(41) 古森重孝『魂の経営』東洋経済新報社、２０１３年、１７８頁。

(42) ヘイコンサルティンググループ・浅川 港編『世界で最も称賛される人事：グローバル優良企業に学ぶ人材マネジメント』日本実業出版社、２００７年、１９０頁及び２１５頁。

(43) 伊賀泰代、前掲書、２３７頁。

(44) David Magee, *Jeff Immelt and the New GE Way: Innovation, Transformation, and Winning in the 21st Century*, The McGraw-Hill Company, Inc., 2009, p. 167.（関　美和訳『ジェフ・イメルト：ＧＥの変わり続ける経営』英治出版、２００９年、１８１頁）。

(45) 八代尚宏『人事部はもういらない』講談社、１９９８年、１２４頁。

(46) 八代尚宏、同上書、１９９頁。

(47) Robert S. Kaplan and David P. Norton, *Strategy Map: Converting Intangible Assets into Tangible Outcomes*, Harvard Business School Publishing Corporation, 2004, p. 125.（櫻井通晴・伊藤和憲・長谷川惠一監訳『戦略マップ：バランスト・スコアカードによる戦略策定・実行フレームワーク』東洋経済新報社、２０１４年、１４６頁）。

(48) 三木谷浩史『楽天流』講談社、２０１４年、１０９頁。

(49) Jürgen Grässlin, *Jürgen E. Schrempp: Der Herr der Sterne*, Droemer, 1998, S. 303 und S. 324.（鬼澤　忍訳『ユルゲン・シュレンプ：ダイムラー・クライスラーに君臨する「豪傑」会長』早川書房、２００１年、２４４頁及び２６４頁）。

(50) Cynthia A. Lengnik-Hall and Mark L. Lengnik-Hall,“Strategic Human Resources Management: A Review of the Literature and a Proposed Typology”, in Michael Poole, ed., *Human Resource Management: Critical Perspective on Business and Management*, Routledge, 1999, p. 314.

第3章　プロダクト

本章では、4PのPに当たるプロダクトについて述べたい。マーケティングでは、プロダクトとは、製品やサービスを意味する。IMでは、プロダクトは、社員が評価する特徴をもつ内部製品としての課業や職務と、市場が評価する従業員自身を指す。職務とは、いくつかの課業が集まったものである。たとえば、秘書という職務には、スケジュール管理や来客対応などの課業が含まれる。

レオナルド・ベリーらは、前述のように、IMと職務の関係を次のように述べている[1]。「インターナル・マーケティングは、重要な内部市場（従業員）のニーズを満たすと同時に組織の目的を成し遂げる有用な内部製品（職務）をつくることと関係がある」。

職務を製品としてみなす場合、やりがいのある仕事、金銭的報酬、福利厚生、人材育成、エンパワーメント、キャリア開発の機会、労働環境、従業員が評価するその他の要因を提供することで、質のよい人材を引きつけ、開発し、動機づけ、保持することがIMの1つの目的となる。

1　課業管理

課業は、経営学の父と呼ばれるフレデリック・テーラーの『科学的管理法』から一般的になった用語であると考えられる。テーラーは、課業について次のように述べている。(2)

「おそらく近代科学的管理法において、最も大切なことは課業観念であろう。管理者は少なくとも一日前に各工員の仕事をじゅうぶんに計画する。各工員はたいていの場合、完全なる指導票をもらう。それは完了すべき課業と仕事をなすに用いるべき手段とが詳しく書いてある。このように前もって計画された仕事は、すなわち課業であって、これを遂行するのは、前に述べたように工員だけの役目ではない。ほとんどすべての場合、工員と管理者との協働の努力によって解決すべきものである」。

この課業は、工員ばかりでなく、すべての社員にとって毎日なすべきことを明確にしておかなければならないと指摘される。

ところで、近年ではマーケティング対象は、自然界から得られる産物で、植物、鉱物、動物などのコモディティから製品、サービス、経験そして変革へと進化してきている。課業についても同じような傾向がみられる。

変革の場合、企業の売り物はその企業がビジネスを通して実現した「変化した個人、または企業」である。[3] IMにおける変革の場合は、従業員が商品になるので、変革を求める人は仕事を通した自己変革を希望していることになる。

リタ・マグレイスによれば、持続する優位性という想定が崩れてきているという。[4] 実際には、持続する優位性の例はいまでも存在する。顧客との深い結びつきの活用、航空機のようなきわめて複雑な機械の製造、鉱山の運営、食品をはじめとする生活必需品の販売などでは、優位性を継続利用できた企業もある。しかし、どうやら例外的成長企業は、ライバル企業と違って、変化を通常の業務に取り込んでいるらしいということが判明してきた。よりダイナミックな戦略を採用している企業では、撤退、すなわち、利用しつくされたビジネスチャンスから離れるプロセスがイノベーション、成長、活用と同じく事業の中核をなしている。

そうしたダイナミックな戦略を採用している企業は、柔軟性の向上の恩恵を得て一時的優位に対処しやすくなったが、それを実現するためには、次々と新しい課業に取り組むことができる人的資源を確保しなければならなくなった。わが国においては、職務ローテーションによって、新しい職務を順次経験し、習得していくことになるので、こうしたダイナミックな戦略に対応しやすいと考えられる。未経験の職務で当初は仕事ができないとしても、給与などの労働条件が悪化するわけではない。この点では、これまで年功給が機能してきた。ただし、一定期間中に、たとえば2年以内にその職務に精通することを求められる。

ところがアメリカなどでは、未経験の新しい職務に就くことは、減給などの困難に会うであろう。また、アメリカのほとんどの労働者の雇用形態は、随意雇用である。これは、正式な契約がない場合には、使用者も従業員も理由なく、いつでも雇用関係を断つことができるというものである。ただし、保護対象のグループ（人種上のマイノリティ、女性、40歳以上の高齢者、同性愛者、肥満を含めた障がい者、内部告発者、労働者の補償要求を請求した人たち）の解雇は、不当解雇となる可能性がある。[5]

アメリカにおけるこうした不安定な雇用という状況は、世界恐慌以降散見されていたものの、近年では広範囲にみてとれるようになった。また、アメリカでも日本と同じように会社の寿命は30年となったと言われている。コカ・コーラのような、ほぼ間違いなく終身雇用を意味した会社も「ストラテジック・オーガニゼーショナル・アラインメント（戦略的組織調整）」というコードネームのもとで解雇に踏み切らざるを得なくなった。[6]

HPでは、会社が小さかったときは、会社が不安定でどうなるかわからなかったので、可能な限りの機会と仕事の保障を与えたが、創業者たちは「『雇っては解雇する企業』、つまり大規模な短期間の仕事を受け、その期間だけ大勢の人を雇い、仕事が終わったら解雇するような企業にはなりたくなかった」[7]として終身雇用を基本としていた。結核を患い、2年間も休養が必要になった従業員にも財政的支援を与えた。同社も1990年代に人員削減の必要性に迫られたが、そのほとんどを早期退職制度と自主退職制度によって行った。[8]

このように、エクセレントと呼ばれるような企業でも、懲戒以外の不景気や経営の失敗などによる人員削減は免れない。わが国でも、パナソニックや日産自動車は販売不振により、大量解雇を実施した。

それにしても一時的優位性を求めることが主流になる場合は、新しいスキルは不可欠になる。そのために「学習する組織」は必然となる。また、組織が次々にやってくる優位性の波を乗り切るのに役立つスキルや能力をもつ人材が、組織の内外を問わず、かつてなく優遇されるようになりつつある。(9) 自社内でこうした新しいスキルの獲得が不可能になると、国全体の成長率が阻害されることになる。より成長率の高い分野に転職する方が国全体の成長率を押し上げるので、その場合は、デンマークのような外部労働市場を活性化する政策が求められる。

こうした環境や戦略の変化から、人々は自分を変えてくれる企業への就職を希望すると考えられる。解決策の1つは、経験価値マーケティングである。経験価値マーケティングとは、経験を使って自社の商品をマーケティングすることであり、顧客を惹きつけ、生き生きとしていて、抗いがたく、記憶に残る経験を提供することである。経験価値マーケティングを用いて、従業員に「自分を変える」という素晴らしい経験を提供することがＩＭの課題となる。

2 製品としての仕事

企業にとってサービスや製品は、存続にとって最も大切なものである。コダックは、かつて世界一の市場を有するフイルムメーカーで、フイルム製品に必要な銀とゼラチンを確保するために、銀山と牧場まで経営していた巨人であった。その巨人に挑んだのが、富士フイルムであった。デジカメが登場したとき、その写真界の大きな変化に即座に対応した富士フイルムと異なり、コダックはフイルムという製品に固執し、対応を誤って倒産した。同社が倒産した理由を富士フイルム小森重隆代表取締役会長は「コダックは、長きにわたり写真フイルムの世界でリーディングとして君臨してきたことが足枷となってしまった可能性があるということだ。このことが、多角化への対応を遅らせてしまったのではないか[10]」と述べている。

仕事としての製品も同じように進化しなければ、会社の存続は危うい。ドラッカーが指摘するように、産業社会から知識社会に移行した結果、かつてのマネジメントの意味が通用しなくなり、「マネジメントの本質は、知識を生産的にすることである[11]」に変わった。またドラッカーは、イノベーションによる経営が重要で、働く全員がイノベーションの担い手とならなくてはならないと予測した。このように、産業社会では肉体労働が主要であったが、知識社会に移行するにつれてすべてではないものの多くの仕事は、知識を使いイノベーションをもたらす仕事にシフトしてきた。

仕事の品質は、サービスや製品の品質と同じようにマーケットから評価される。この仕事の品質は、金銭的報酬、訓練ニーズ、責任の水準、意思決定への関与、キャリア開発の機会、労働環境、従業員が評価するその他の要因が関係する。[12]

さらに、安全衛生は、仕事の品質の大切な指標である。安全衛生は、死傷者数とヒューマン・エラーの減少を追求する安全管理と体と心の疾病を管理する健康管理から構成される。企業は、品質追求の一環として、納入業者の商品提供能力ばかりでなく安全衛生能力を重視する傾向を強めている。近年では、契約企業や納入業者に業務を委託する動きが活発化しており、これに伴い、契約企業の安全衛生対策に依存する度合いが高まっている。

3 労働時間

ジョン・メイナード・ケインズは、2030年には、余暇が十分にある豊かな時代が来るが、人はみな長年にわたって懸命に努力するようしつけられてきたため、この暇な時間をどう使うかという恐ろしい問題に直面すると予測した。ケインズはこの解決法として、「一日3時間、週15時間勤務にすれば、問題をかなりの期間、先延ばしできるとも思える[13]」と提案した。

労働時間は、従業員にとって会社の基本的品質である。顧客にとって従業員の労働時間は営業時間であり、利用上重視される。すなわち、営業時間は、顧客にとってサービスを受ける時間であり、満足と大きくかかわっている。ケインズの予測は当たるかもしれないが、現在は残念ながら、長時間労働を監督指導しなければならなくなっている。厚生労働省は、月残業100時間超から80時間超へ重点監督対象を拡大という法規制の執行強化に乗り出している。

こうした長時間労働をさせないように努力している会社もある。

ミネベアの荻野五郎社長は、残業している従業員は、残業をして仕事を消化しようという発想はあっても、サイクルタイムを短縮しよう、あるいは時間内に仕事を消化しよう、仕事の改善をしよう、という発想がないとして次のように批判している(14)。

「これらの諸君は一見「マジメに仕事に取り組んでいる」或いは「責任感がある」「生産引き上げに協力している」かに見えます。しかし、実際には「生産引き上げを拒んでいる」「休日増加や残業減少を拒んでいる」ことに気が付かなければなりません。又、中には仕事中心というよりも、自己中心で残業をしている諸君が多いことに気が付かなければなりません」。

グーグルのダブリン・オフィスでは「ダブリンの消灯」といって、午後6時に全員が職場を離れ、インターネットを使わないよう奨励される。ベッドに入る前にこっそりメールをみたりできないように、ノートパソコンを自由に預けられる場所まである[15]。そして、次のように述べ、労働時間の制限と自由を与えている[16]。

「この問題に対処するには、社員に責任と自由を与えるのが一番だ。社員に遅くまで会社に残って仕事をしたり、あるいは早く帰宅して家族と時間を過ごしたりすることを強制すべきではない。任された仕事に対する全責任を与えれば、彼らは何としてもそれを成し遂げようとするだろう。そのためのスペースと自由を与えよう」。

このように、労働時間という製品をよいものにするためには、会社が労働時間を短縮するためのシステムをつくり、その実行のために管理者が率先して帰宅する必要がある。伊藤忠のように、夜10時以降残業禁止令を設けている会社もある。

ＩＭの役割の１つは、従業員満足の促進であるから、労働時間についての調査をはじめ、始業時間、終業時間、休憩時間などをトータルに分析して、どのような労働時間が望まれているのかという従業員のニーズの把握と会社のニーズのマッチングを図らなければならない。

4　ワークライフバランス

仕事が従業員にとって魅力的なものであるためには、仕事中毒《ワーカホリック》にならないこととワークライフバランス（仕事と生活の調和）が必要である。ワークライフバランスが欠けると、ストレスが生じる。

職業上のキャリアで、ストレスが生じることが少なからずある。キャリアは、医師などの職業や職業上の地位を示す場合もあるが、ここでは個人の仕事の経歴を意味したい。このキャリアを重ねる際に経験する可能性のあるのが、キャリアストレスである。ストレスとは何らかの外圧によって心に歪みが生じる状態であり、うつ病などのメンタルヘルス不調を発症する場合がある。国の定義では、メンタルヘルス不調とは、精神及び行動の障がいに分類される精神障がいや自殺のみならず、ストレスや強い悩み、不安など、労働者の心身の健康、社会生活及び生活の質に影響を与える可能性のある精神的及び行動上の問題を幅広く含むものを言う。

会社は、従業員の安全配慮義務を負っており、その中でストレスチェックの取組みが義務化された。このストレスチェック制度は、定期的に労働者のストレスの状況について検査を行い、本人にその結果を通知して自らのストレスの状況について気付きを促し、個人のメンタルヘルス不調のリスクを低減させるとともに、検査結果を集団的に分析し、職場環境の改善につなげる取組みである。

会社が率先してワークライフバランスをさまざまな面で手助けしているケースもある。ピクサーは「社員のバランスのとれた生活を支援するということは、ただ「バランスをとれ!」と言うことではなく、それを実現しやすいような環境をつくるということだ（敷地内にプール、バレーボールコート、サッカー場をつくることで、会社が運動や、机を離れた生活に価値を置いていることが社員に伝わる)。しかしリーダーはそれだけでなく、職場でつねに起こっている変化に敏感でなければならない。たとえば、若い独身の社員が家族持ちの社員より長い時間働いているとき、それを考慮しないで成果を比較することは避けなければならない。私が言っているのは、社員の健康のことだけでなく、長い目で見た彼らの生産性や幸福のことだ。こうした投資は、後々きちんと利益になって返ってくる[17]」として、職場環境の改善に取り組んでいる。

現実には、仕事と私生活をまったく切り離すことが可能な職業とそうでない職業がある。ユニ・チャームの高原豪久社長は「私は、仕事は生活の一部、生活も仕事の一部で不即不離の関係にあると考え、これを「Work is life, Life is work」と表現しています。仕事中に家庭で気になっていることを解決する情報を入手することもできるでしょうし、ご家族と過ごされているなかで仕事の悩みを解決するヒントを得ることもあるでしょう。決して仕事と生活を分離して考えるべきではないと思います[18]」という意見も成り立つ。

ワークライフバランスで一番の課題は、代替要員不足である。東京都の平成27年度「企業における男女雇用管理と男性のワークライフバランスへの取組に関する調査」によると、男性のワークライフバランスを推進する上で、事業所の64・7%が「代替要員の確保」が必要と考えており、男性従業員の48・2%が自身のワークライフバランスを実現するために、

「代替要員の不足」を課題としている。この課題を解決するために、対応する部署範囲を大きく広げて代替ルールを明確化している会社がある。トヨタファイナンスと東京海上日動火災がその例で、代替要員の対象者をグループ・部・部門と範囲を広げて調整し、足りなくなって初めて派遣社員を補充したり、イントラネットで全国のエリア総合職から希望者を募集するなど[19]、内部労働市場を対象としたＩＭを実行している。

5　顧客満足

これまで述べてきたように、ＩＭにおける顧客満足とは、従業員満足を意味する。従業員が満足するとよい製品やサービスを生み、それが顧客の満足に結びつき、業績向上につながる。劇的に収益を伸ばした例として、シアーズが取り上げられる[20]。シアーズはまず、従業員の態度が離職率を上げ、それが顧客満足度に響くことに気づいた。顧客満足度は、売上に直接影響する。そこで同社は、この知識をさっそく行動に移して「ぜひとも働きたい場所」「ぜひとも買いたい場所」にした。これで業績はうなぎのぼりになった。

アリババは、１０２年存続していくという目標を達成するために、10年、20年、30年と働き続ける社員を求めている。インターネット企業で働く人は4年で転職する傾向にあるため、多くの企業は消滅してしまったからである。そのため、今後10年の目標として「アリババは世界ベストエンプロイヤー（雇用主）となる」[21]を掲げている。
顧客満足度調査が役立たない理由は、次のように指摘されている。[22]
第1位　調査の信頼性を地に落とすごまかしと操作
第2位　顧客の不満の種となる顧客満足度調査
第3位　取引とリレーションシップを混同した調査
第4位　顧客満足度調査における標準的体系の欠如
第5位　ありきたりの調査方法では満たされない企業特有のニーズ（くだらないデータを集めて終わる）
第6位　調査結果と経済性との相関の欠如
第7位　調査をかたるマーケティング・キャンペーンの横行
第8位　過ちを改める術がない社員
第9位　省略
第10位　頻繁すぎる調査と多すぎる質問
この結果は、ＩＭにも活用できる。すなわち、調査は①調査の信頼性を高めるなどの努力をする、②標準を設定する、③意味のない調査はしない、④従業員満足が財務的業績とつながっているか確認する、⑤従業員満足の責任者を決めて実施する、⑥頻度を年１・２回とすることが望ましいであろう。

デルでは、幹部に対する社員調査を半年ごとに実施し、その結果が幹部の給与と昇進の判断材料として使われている。投票は無記名だが、投票結果は全社的に公表されている。この透明性が、開放的で率直なコミュニケーションを重んじる企業文化を強化している。また、誰もが結果の妥当性をみずから確認できることから、この透明性が一種の自己統制機能も果たしている。(23)

GEは、従業員満足度の向上に取り組んでいて、会社に満足していると答える人が70%、満足していない層が10%程度で、残りがニュートラルとなっているし、フェデックスでは、全社員対象の社員満足度調査(SFA)があって、マネジャーに対する評価、会社の方向に対する認識などを把握することになっている。(24) 顧客満足の対象は、部下だけではなく幹部も含めることが望ましい。

横浜市は、CS(Customer Satisfaction:市民満足)を得るためにはES(Employee Satisfaction:職員満足)も欠かせない要素であることから、オフィス改善の際は、従来より狭くなりがちな執務空間においても業務効率やESが向上するよう努めている。(25)

従業員のニーズに応えるために、社内コンシェルジュを配置している会社もある。これは、たとえば劇場やスポーツ観戦のチケットをとったり、自家用車を修理や調整に出したり取ってきたり、仕事や娯楽に出かけて留守中の自宅の修繕に来た職人の相手をしたり、といった仕事を担当する人のことである。(26)

職務満足は、顧客満足を生み出すとともに離職を回避するという仮説は、確認されなかったという報告[27]がないわけではないので、注意深く扱う必要があろう。

6 人材としての製品

マタイによる福音書第25章によれば、ある人が旅行に出かけるとき、自分の財産8タラントンを3人の下僕に預けた話の中で、タラントンは使って大きくするもの[28]という意味で用いられている。すなわち、人材《タレント》は育成して能力を大きくするものであるとみなされる。人材育成は、企業ばかりでなく従業員にとっても価値があり意味ある活動である。優秀な人材が育てば、企業も成長するし、個人にとってはアブラハム・マズローの言う自己実現の欲求を満たすことになる。このことは、米国人材開発機構のオンライン調査の従業員の定着に関して「職場での学習機会の質は、全組織において第一位にランク付けされた[29]」ことからも明らかである。

人材を育成する方法には、ＯＪＴ（職場内訓練）、Ｏｆｆ－ＪＴ（集合研修）、自己研修がある。この組み合わせが重要であるが、とりわけ、エンパワーメントが伴うほうが望ましい。エンパワーメントがあれば自分自身で成長しなければならないし、そうしたいと思うようになる。楽天の三木谷浩史社長は「僕にとって、社員のエンパワーメントは、最高の仕事を達成するためのチャンスを彼らに与えることだ[30]」と述べて、これが優秀な社員を集めて維持できる方法であるとしている。組織と個人の成長の秘密はここにある。ＤｅＮＡは人材が育つ組織の在り方として「任せる、という一言に尽きる[31]」としているし、ユニ・チャームの高原豪久社長は「人は育てられない、勝手に育つもの[32]」と述べている。

ビジョナリー・カンパニーと呼ばれている、ビジョンをもっていて、未来志向で、先見的であり、業界で卓越し、同業他社の間で広く尊敬を集め、大きなインパクトを世界に与え続けてきた企業は、比較対象企業よりはるかに、社内の人材を育成し、昇進させ、経営者としての資質をもった人材を注意深く選択しているし、後継者の育成を、基本理念を維持する努力の柱にしている。また、ビジョナリー・カンパニーは人材に対する投資にも積極的で、採用、研修、能力開発に力を入れている。メルク、３Ｍ、Ｐ＆Ｇ、モトローラ、ＧＥ、ディズニー、マリオット、ＩＢＭはいずれも、自社で「大学」や「教育センター」に巨額を投資して、徹底した研修と能力開発を進めている[33]。

こうして育成される人材としての製品には、さまざまな品質が求められる。第一は、信頼性である。組織で働く人はみな期待通りに仕事ができなければならない。アメリカでは随意雇用が主流なので、いつでも理由なく解雇できるが、わが国においてさえ予定していた仕事を行えない場合は、「普通解雇」となる可能性もある。普通解雇とは、精神疾患などの理由で予定していた仕事ができない場合に行われる解雇である。

第二は、性能である。性能とは、人の能力であり、知的能力、職務遂行能力、感情の能力がある。このうち、知的能力には、思考能力、語学能力、コミュニケーション能力、計算能力、問題解決能力などがある。職務遂行能力には、各種の資格や免許を有すること、企画力、判断力、実行力、折衝力、指導力などがある。感情の能力には、積極性、持続性、責任感、誠実さ、社交性、協調性などがある。

これらの能力は、顧客に対するサービスに欠かせないものであり、製品品質とみなされる。たとえば、山之内製薬は、1998年に製品情報システムを社内ウェブサイトで販売担当要員に提供することで、彼らは医師や薬剤師からの質問の約半分に即座に答えることができるようになったが、マイクロソフトも、ウェブ利用のツールを使って、世界中の販売担当員、支援技術者、技術担当マネジャーなどから製品グループに寄せられる複雑な質問に迅速に対応している。これらは、研修の苦痛を軽くした成果だとされる。そのことについて、ビル・ゲイツは「1998年には、オンラインでの研修参加者は教室での受講者の5倍の速さで増え、オンラインの参加者は実際に教室に出た受講者の2倍以上に達した。これによってわかったのは、誰もが知識や仕事の能力を改善したいと思っていたが、これまでは時間的に効率のよい研修を受けられないでいたということだ[34]」と述べている。

とりわけ、IMにおいては、従業員の多くは顧客との直接の接点をもち、マーケティング活動においても重要な役割を果たすため、コンタクト・パーソネル（CP）と呼ばれており[35]、対人能力に優れることが求められる。そのためディズニーは、ディズニーランドを訪れるゲストをいかにもてなすかを従業員に教えて、その品質を高めるために、世界初の企業大学を設立した[36]。

第三は、デザインである。デザインとは、組織特性と職務特性の設計である。これらのデザインには、従業員にとって、働きやすい、仕事にやりがいがある、仕事を任されている、家庭のことを気にせず働ける支援がある、労働災害が防止されている、十分な報酬がある、等が求められる。顧客にとっても仕事を頼みやすい、苦情処理が速い、配送が速い、製品の修理が充実している、製品やサービスの購入がしやすい、等が満たされる必要がある。

こうした品質は、ブランドになる。ブランドとは、速さや性能など他社との区別をもたらすものであるが、それにさまざまな意味をつめ込む必要がある。クレイトン・クリステンセンは「もしブランドの意味が、片づけなくてはならない用事に位置付けられれば、顧客は暮らしのなかでその用事が発生したときは、そのブランドを思い出して製品を雇うだろう。顧客は用事をうまくこなすブランドには、かなりの割増価格を支払うものだ[37]」と指摘する。用事を片づけてくれる人材を提供することがブランド力を高めてくれる。

7　まとめ

企業は、環境に適応するため、事業変更を行う。その結果、職務や課業を変更することになるかもしれない。そうした変更に応じられるよう、人材を育成しなければならない。

IMでは、仕事は製品とみなされるので、評価に耐えられるようにしなければならない。また、労働時間やワークライフバランスも仕事の品質として取り組まなければならない。そうした取り組みは、従業員満足として明らかになる。

人材は、顧客からみれば製品の一部である。したがって、この点からも人材育成を怠らずよりよいタレントに育てなければならない。

【注】

（1）Leonard L. Berry, James S. Hensel and Marian C. Burke, *op. cit.*

（2）Frederick Winslow Taylor, *Scientific Management*, Harper & Row, 1911, p.39.（上野陽一訳『科学的管理法』産業能率短期大学出版部、1957年、252頁）。

（3）B. Joseph Pine II and James H. Gilmore, *The Experience Economy*, Harvard Business School Press, 1999, p. 172.（岡本慶一・小高尚子訳『[新訳] 経験経済：脱コモディティ化のマーケティング戦略』ダイヤモンド社、2005年、188頁）。

（4）Rita Gunther McGrath, *The End of Competitive Advantage: How to Keep Your Strategy Moving as Fast as Business*, Harvard Business Review Press, 2013, p. 7.（鬼澤　忍訳『競争優位の終焉：市場の変化に合わせて、戦略を動かし続ける』日本経済新聞出版社、２０１４年、８頁）。

（５）Raymond A. Noe, John R. Hollenbeck, Barry Gerhart, and Patrick M. Wright, *Human Resource Management: Gaining a Competitive Advantage 9e*, McGraw-Hill Education, 2015, p. 454.

（６）Neville Isdell with David Beasley, *Inside Coca-Cola: A CEO's Life Story of Building the World's Most Popular Brand*, St. Martin's Griffin, 2011, p. 162.（関　実訳『コカ・コーラ：叩き上げの復活経営』早川書房、２０１２年、２１３頁）。

（７）David Packard, *op. cit.*, p. 129.（前掲訳書、１５２頁）。

（８）David Packard, *op. cit.*, p. 134.（前掲訳書、１５７-１５８頁）。

（９）Rita Gunther McGrath, *op. cit.*, p. 162.（前掲訳書、１９６-１９７頁）。

（10）古森重隆『魂の経営』東洋経済新報社、２０１３年、１０１頁。

（11）Peter F. Drucker, *The Drucker Lectures: Essential Lessons on Management, Society, and Economy*, McGraw-Hill Books, 2010, p. 163.

（12）Ahmed and Rafiq, *op. cit.*, p. 28.

（13）John Maynard Keynes, *Essays in Persuasion*, Macmillan and Co., Limited, 1931, p. 369.（山岡洋一訳『ケインズ説得論集』日本経済新聞出版社、２０１０年、２１５頁）。

（14）荻野五郎『部下をやる気にさせた社長の手紙』講談社、２００１年、１５１頁。

（15）Laszlo Bock, *op. cit.*, p. 142.（前掲訳書、２３０頁）。

（16）Eric Schmidt and Jonathan Rosenberg with Alan Eagle, *op. cit.*, p. 52.（前掲訳書、80頁）。

（17）Ed Catmull with Amy Wallace, *Creativity, Inc.: Overcoming the Unseen Forces that Stand in the Way of True Inpsiration*, Bantam Press, 2014, pp. 77-78.（石原　薫訳『ピクサー流創造するちから』ダイヤモンド社、２０１４年、１１６-１１７頁）。

（18）高原豪久『ユニ・チャーム　共振の経営：「経営力×現場力」で世界を目指す』日本経済新聞出版社、

２０１４年、２０６-２０７頁。

（19）日本経済新聞「仕事カバー：全社で分散」２０１６年9月21日、朝刊。

（20）Jeffrey Pfeffer and Robert I. Sutton, *The Knowing-Doing Gap: How Smart Companies Turn Knowledge into Action*, Harvard Business School Press, 2000, p. 244.（長谷川喜一郎監訳・菅田絢子訳『なぜ、わかっていても実行できないのか：知識を行動に変えるマネジメント』日本経済新聞社、２０１４年、２４９頁）。

（21）阿里巴巴集团编『马云内部讲话：关键时、马云说了什么』红旗出版社、２０１０年、97頁。（高木美恵子訳『アリババ思想』静岡新聞社、２０１４年、２９４頁）。

（22）Fred Reichheld, *The Ultimate Question: Driving Good Profits and True Growth*, Harvard Business School Press, 2006, pp. 78-93.（堀新太郎監訳・鈴木泰雄訳『顧客ロイヤルティを知る「究極の質問」』ランダムハウス講談社、２００６年、１２０-１３８頁）。

（23）*Ibid.*, p. 180.（同上訳書、２４７-２４８頁）。

（24）ヘイコンサルティンググループ・浅川　港編『世界で最も称賛される人事：グローバル優良企業に学ぶ人材マネジメント』日本実業出版社、２００７年、１１２頁及び２４５頁。

（25）オフィスユースウェア・マネジメント研究会『いい会社はオフィスが違う』ＮＴＴ出版、２０１２年、１１４頁。

（26）Franklin Becker and Friz Steele, *Workplace by Design: Mapping the High-Performance Workscape*, Jossey-Bass Publishers, 1995, p.96.（鈴木信治訳『ワークプレイス戦略：オフィス変革による生産性の向上』日経ＢＰ社、１９９６年、１４６頁）。

（27）高橋昭夫『インターナル・マーケティングの理論と展開：人的資源管理との接点を求めて』同友館、２０１４年、58頁。

（28）Ed Michaels, Helen Handfield-Jones, and Beth Axelrod, *op. cit.*, p. xiii.（前掲訳書、24-25頁）。

（29）Mary Ann Bopp, Diana A. Bing, and Sheila Forte-Trammell, *Agile Career Development: Lessons and*

Approaches from IBM, IBM Press, 2010, p. 25.（川喜多　喬・平林正樹・松下尚史監訳『ＩＢＭのキャリア開発戦略：変化に即応する人事管理システムの構築』同友館、２０１４年、26頁）。

（30）三木谷浩史、前掲書、52頁。

（31）南場智子、前掲書、２１４頁。

（32）高原豪久、前掲書、１３８頁。

（33）James C. Collins and Jerry I. Porras, *Built to Last: Successful Habits of Visionary Companies*, Harper Collins Publishers, 1944, p. 193.（山岡洋一訳『ビジョナリー・カンパニー：時代を超える生存の原則』日経ＢＰ出版センター、１９９５年、３２８頁）。

（34）Bill Gates with Collins Hemingway, *Business @ the Speed of Thought: Using Digital Nervous System*, Warner Books, 1999, p. 245, p. 246 and p. 249.（大原　進訳『思考スピードの経営：デジタル経営教本』日本経済新聞社、２０００年、３６３-３６４頁及び３６９頁）。

（35）竹内慶司「サービス・マーケティング」、竹内慶司・片山富弘編『市場創造：マーケティング』学文社、２０１１年、１６３頁。

（36）Disney Institute, *Be Our Guest: Perfecting the Art of Customer Service*, Disney Enterprise, 2001, p. 174.（月沢季歌子訳『ディズニーが教えるお客様を感動させる最高の方法』日本経済新聞社、２００５年、１７６頁）。

（37）Clayton M. Christensen and Michael E. Raynor, *The Innovator's Solution: Creating and Sustaining Successful Growth*, Harvard Business Review Press, 2003, p. 91.（玉井俊平太監修・桃井ゆう子訳『イノベーションへの解：利益ある成長に向けて』翔泳社、２００３年、１１７頁）。

第4章 プライス

1 インターナル・マーケティングにおける価格

価格設定は、企業にとって競争優位の構築など戦略的意味をもつ重要な課業である。PPS（価格設定専門家協会）の2013年の調査によると、50％以上の企業ではマーケティングと財務が価格設定の命令系統を担っていた。

ステファン・リオズは、価格設定にあたるマーケティング、財務、販売、IT及びCEOやトップ・マネジメントにとって、HRMの役割の重要性を指摘している。すなわち、HRMは、価格設定の担当者のためのカリキュラムを組むばかりでなく、HRM専門家自身が価格設定の難しさを理解する訓練を受ける必要性を指摘している。(1) このように、価格設定には、さまざまな職能の人がかかわることが望ましい。

本章で、プライス（価格）とは、従業員に対する報酬を意味する。報酬についても、製品やサービスの価格設定と同じく、CEOやトップ・マネジメントばかりでなく財務が大きな役割を果たす。ただしそれは、HRMの基本的役割である。また、報酬の決定に関してもマーケティングとその他の職能の人がかかわることが望まれる。

マーケティングでは、価格決定の基本方針としては、①利益の最大化を目指す設定、②目標利益率の確保、③マーケット・シェアの維持・拡大、④競争対応、⑤需要対応などを考慮して行われる。

IMでは、上記の方針を踏まえ、以下のように実施されることになる。

2　利益極大化を目指す設定

第一に、利潤の極大化のためには、通常、従業員の報酬をできる限り減らさなければならない。それは、コスト志向型価格設定方式とも解釈される。コスト志向型価格設定には、マーク・アップ方式価格設定や損益分岐点方式価格設定がある。マーク・アップ方式では、原価と利潤の差である利幅を求め、損益分岐点方式では、固定費と変動費という総費用と売上額が等しくなる点以上の採算を求める。いずれも費用を最小限にしようとするもので、賃金をエクスターナル・マーケティングにおける費用とするならば、可能な限り低く抑えることが望まれる。

日本経済新聞社が財務省の法人企業統計より算出した労働分配率は、2015年では全産業66・1％であった。[2] 労働分配率とは、人件費を付加価値額で割ったもので、会社が生みだした価値がどれくらい人件費に分配されたかを示す数字である。最近高かったのは、2009年の74・0％であった。この数字は、会社の儲けのほとんどが賃金として支払われたことを意味する。近年は、エージェンシー理論[3]の影響もあってか、内部留保は377兆円と過去最高水準になった反面、労働分配率は低下気味である。エージェンシー理論は、株主と経営者の関係を依頼人《プリンシパル》と代理人《エージェント》の関係とみなすものである。エージェントである経営者は、必要であれば、従業員を犠牲にしてでも株主利益を実現することが義務と考えられるようになった。そのため、賃金総額を下げて株主利益が確保された。

ところで、ジョン・メイナード・ケインズは「いかなる労働組合も、貨幣賃金の削減には、その額がいくら小さくても、抵抗を示すものである[4]」などの理由で、賃金には「下方硬直性」があるとした。これは、労働需要が減少しても賃金は低下しにくいことを意味する。労働者にとっては、賃金が上がるのは好ましいが、下がることは不愉快である。この理論に従えば、賃金は、低めに設定しておき、下げないようにすることが望まれる。

これまでわが国では、大多数の大企業において「年功賃金」体制がとられてきた。かつては労働移動が一般的で、これを防止するいろいろな施策が考案された。このうちの1つが、転職が損失につながる年功賃金であった。この制度の下では、賃金は、基本的には低下しないが、若いころは低賃金になる。

しかし、能力主義の台頭と政府が掲げる「同一労働同一賃金」政策によって、賃金が低下することも当然と考えなければならない時代がやってきた。能力主義とは、職務遂行能力に応じて処遇する原則である。同一労働同一賃金とは、同じ仕事をしている人には年齢や性別などに関わらず同じ賃金を支払う政策である。ドラッカーが指摘しているように「賃金については客観的な基準は一つしかない。生産性である」[5]と言える。ただし、欧米の賃金カーブをみてみると、右上がりの年功カーブを描くことが多い。これは、スキルや職務知識などの職務能力あるいは生産性が年齢とともに向上する結果、賃金が上昇しているものと推測される。

このように、世の趨勢は低賃金化に傾いているが、重要なことは、低賃金は必ずしも利潤の極大化をもたらさないという点である。たとえば、ウォルマート創業者のサム・ウォルトンは、「私はもっと大きな真理を見落としていたのだ。その真理とは、売価を下げれば下げるほど儲かるという、ディスカウンティングの原理と同じ理論である。つまり、給料であれ、ボーナスであれ、割引株であれ、従業員と利益を分かち合えば合うほど、自然に会社に利益がもたらされるという原理である。なぜかというと、経営者側の従業員への対応がそのまま、彼らのお客への対応となるからである。そしてまた、彼らがお客に気持ちのいい応対をすれば、お客は何度でも店に足を運んでくれるからである。小売業においてはこれが本当の利益を生む源である。満足して何度でも来店してくれるお客こそが、ウォルマートの驚異的純利益の源である。品揃えのよさや売価の低さだけでなく、わが社の店員の接客態度が他社より素晴らしいことも、お客がウォルマートを贔屓してくれる要因なのだ。したがって、わが社の組織全体を見渡してみても、店員と顧客の関係ほど重要な関係はないのである[6]」と述べている。すなわち、高賃金が従業員の満足をもたらし、それが結果的に業績を高めたのである。

スターバックスは、第一のミッション・ステートメントを「働きやすい環境を提供し、社員が互いに尊敬と威厳をもって接する」としていて、他社よりも高い給料を支払い、他に抜きんでた福利厚生制度を整えることを経営戦略の中枢として位置付けていた。これによって、スターバックスのコーヒーに対する情熱を人々に伝えたいという強い意志をもつ教育水準の高い人材を集めようとした。すなわち「社員の福利厚生を充実させれば競争上優位に立てる[7]」というのが、ハワード・シュルツCEOの持論であった。同社のバリスタの離職率は、他店では150％から400％であるのに対し60％から65％で、店長では他店ではおよそ50％であるのに対して25％となっていて、「従業員を大切にすればそのための費用を上回る大きな見返りがあることはまちがいない[8]」と述べている。

コストコの場合、サムズクラブよりも賃金は55％高いが、利益は88％高くなっている[9]。このように、高賃金がそれを上回る利益をもたらせばよいのである。

サン・マイクロシステムズ（2010年にオラクルに吸収合併）の社員は、①会社のビジョンと意見を異にするか、ビジョンを理解しておらず、それゆえサンが勝利するとは信じていない、②面白いプロジェクトで働くことができなかった、③経営幹部と意見が異なるか、彼らに反感を抱いているか、軽侮している、④ほかでより高額の給与やストックオプションがもらえるという、4つの基本的理由で退職することがわかった。当時、サンの給与は、シリコンバレーの上位25%に含まれていた。そこで会社は、単に社員の給与を増やすだけでは解決にならないと結論付け、サンの方向性とその理由を理解してもらう努力を行った。[10]このことは、賃金だけでは有能な人をつなぎ留められないことを意味している。

低賃金に固執する経営者もいる。トーマス・エジソンは、ストライキに巻き込まれたとき、賃上げ要求を拒否し、金属労働者たちを排除した。[11]これは、エジソンが研究所を設立したとき、この有名な研究所の一員になりたいがために無報酬の労働を申し出る者もおり、エジソンという魔術師とともに働くという名誉が、彼らには十分な報酬になった過去の出来事が影響したのではないかと考えられる。

賃金はそれほど高くないが、離職されない工夫をしている会社がある。アマゾンの報酬パッケージは、会社側のコストを最小限に抑えつつ、入社後に遭遇する逆境に耐えて社員がとどまる可能性を最大に高める設計となっている。採用時、基本給は業界の平均で、入社契約のボーナスが2年にわたって支払われるほか、限定付きストックオプションが4年にわたって設定される。[12]

フレデリック・テーラーは、『科学的管理法』の中で、優れた管理法の根本は、高い賃金と低い工賃であり、その2つの条件を実現する一般原理を示した。[13] その原理の一部は、いまも使用される伝統的な管理原則となった。

確かに、ボーナスを支払うと生産性が高まるという研究結果があり、[14] こうした事実はテーラーの考えと一致するものである。チームで働く人たちで4％から9％、個人では5％から12％生産性が高まった。成績が悪かったらおカネを返してもらう方式では、個人の場合はほとんど影響されないが、チームで働く人たちの生産性は16％から25％高くなり、ミスや欠陥は増えなかった。成果給は、チーム単位が有効であることをこれは示している。

近年では、わが国においても成果主義の台頭がある。成果主義とは、ミッションと呼ばれる役割期待をどの程度遂行したかで評価するものである。それに対し、結果主義とは、仕事途中のプロセスは一切無視して最終的な結果のみで評価する。アメリカでは、上司による評価について意見を述べることのできる場をとっている。日本の場合は、評価そのものを公開しない企業が半数と言われているが、それは過去の年功賃金時代の慣例であると考えられる。成果といってもいろいろな要因が影響するので、こうしたやり方を導入する際は、同じく、反論できる機会を設けるべきである。

年功や成果で給与を支払わない会社もある。ホールフーズのトップ7人で構成されている経営幹部チームは、全員に同一の賃金、同一のボーナスが支払われ、しかも同一のストックオプションが付与されている。その結果「経営幹部間の連帯感は強く、グループ内の信頼度が高いため、この方式は続けたいと思っている。経営幹部の全員が会社にまったく同一の価値を提供しているわけではない、という主張はできるかもしれない。しかし、差をつけてしまうと、それがたとえ少額であっても年月が経つうちにねたみを生み、信頼感が損なわれる」[15]からである。

アメリカで著名病院のメイヨー・クリニックでは、「専任講師、準教授、正教授とだんだんランクが上がっていく。しかし、たしかにランクが上がれば名声も上がるものの、給与は変わらない」[16]。同病院がこうしてみな同じ給与を支払うのは、人は、給与のためではなく、自分の仕事を愛しているから働くという哲学があるからである。

イケアでも、従業員の意欲喚起や動機づけのために報奨金を用意することはない。従業員の熱意は、一般の人々の日常生活をより快適なものにしたいという大志から生まれるはずだという考えを、創業者のイングヴァル・カンプラードは繰り返し述べている[17]。

このように、低賃金が必ずしも、利潤の極大化に結びつくとは限らない。また、過大な賃金格差も望ましくない。そして、生活するのに十分な賃金が払われなければ、従業員の不満が生じる。要するに、満足のいく賃金は必要であるが、賃金だけではタレントは確保できないのであり、十分な権限を与えて自主的に仕事に取り組んでもらうことが大切である。

１９２０年代に急速な成長軌道に乗ったとき、ＧＭは競争相手が残ることが利益をもたらすと考えた。すなわち「GMの能率と成長は、アメリカの高度に競争的な経済と相互関係にある、と私は考える」として、事業経営の効率を測る尺度は、売上高利益率や市場占有率ではなく、投資利益率であることを指摘した。[18] ここでは、市場の独占が企業の目的でもないことを示している。

また、利潤の極大化は、企業の究極的な目的なのかということについても疑問が残る。ドラッカーが指摘するように、「利益とは、未来への賭けに伴うリスクに対する保険であるとともに、生産の拡大に必要な資本設備のための唯一の原資である」[19]。したがって、企業の目的は、利益の極大化ではない。重要なことは「誰のための利潤極大化なのか」ということである。こうしたガバナンスの問題は、株主主権論に落ち着くかもしれないが、他方でアドルフ・バーリとガーディナー・ミーンズが主張する「社会の公器」としての存続を目指す道もある。すなわち「若し株式会社制度が存続すべきものとすれば、大会社の『支配』は、会社の種々な集団の多様な請求権を平準化しながら、その各々に、私的貪欲よりもむしろ公的政策の立場から、所得の流れの一部分を割り当てる純粋に中立的な技術体系に発達すべきである、ということを考えることが出来、否むしろ、このことは殆ど必須とすら見られるのである」[20] となる道である。

3　目標利益率の確保

ＩＭにおいては、目標利益率の確保の点で特に貢献しなければならないのは、企業年金である。企業年金は、公的年金や個人年金以外の年金で、従業員にとって賃金と同じくらい大切である。企業年金は主に企業が毎月掛け金を拠出し、加入者である社員は退職後にサラリーマンの公的年金である厚生年金に上乗せした金額を受け取る。加入者は、特定の条件を満たせば、掛け金の一部を負担できる。

厚生年金基金は、企業や業界団体などが母体となって設立する公法人で、企業が単独で設立する場合は５００人以上の加入者を必要とする。公的年金である国の老齢厚生年金の一部を国に代わって支給する（代行部分）と同時に、給付財源を生命保険会社や信託銀行などに積み立てるなどして独自の年金を上乗せして支給する。公的年金である厚生年金の掛け金は労使折半であるが、企業が独自に上乗せする加算部分については、企業が全額拠出する場合が多い。この年金は、原則として受給者が死亡するまで支給される。

厚生年金基金に加入している場合、将来の年金支給額は事前に決定されている。このように、前もって支給金額が決まっている年金は、確定給付型年金（ＤＢ：Defined Benefit）と呼ばれる。このＤＢは現在、危機に直面している。その原因の１つは、運用利回りが当初予想を下回っていることである。退職給付会計において年金コストを時価評価し、年金資産と年金負債の現状開示が求められたことも影響を及ぼしている。

厚生年金基金については、代行部分は国に返上することが認められた。そのため、厚生年金基金の解散や厚生年金の代行部分の運用リスクを国に移転する代行返上が相次いでいる。国債などの金利に応じて将来の年金額が変わる「混合型年金制度」とか「キャッシュバランスプラン」を導入するとか、確定拠出型年金（DC：Defined Contribution）制度に全面移行する動きが顕著である。わが国は、失われた20年と言われて、この間ほとんど経済成長率がなかったため、年金基金の目標利益率を確保することが困難であった。

アメリカでは、税法であるところの国内歳入法401条（k）項でDCについて定めている。わが国でも日本版401kと呼ばれるDCが設けられている。この特徴は、これまでのDBと異なり、給付額があらかじめ決められているのではなく、運用実績によって変動することである。401kの掛け金については、月給の一定割合とするところも多いが、会社によっては社員の業績評価の変化に応じて掛け金を増減させる「成果主義型401k」を導入している。また、掛け金の一部を「退職金の前取り」として給与に上乗せすることもできる。さらに、確定給付と確定拠出の両方を併せもった混合型《ハイブリッド》年金制度の導入が可能になった。この制度では、従業員に保証する利回りは国債などの市場金利に連動し、一定の利息が保証される。

401kに移行する場合、企業は契約上、従業員に対して確定した給付義務を負っているために、給付削減には受給者の同意を必要とする。したがって、確定給付型年金を廃止する場合には、現従業員ばかりでなく、退職者についても同意が不可欠である。

IMとしては、従業員の将来の年金額の増額につながる努力をしなければならない。

4 マーケティング・シェアの維持拡大

マーケティング・シェアの維持拡大については、国際労働市場を考慮に入れなければならない。

ボストン・コンサルティング・グループ（BCG）によれば、ガスや電気などのエネルギー・コストの低下ばかりでなく、他国の人件費の上昇によって、2013年に米国南部の生産コストは、日本、ドイツ、フランス、イタリア、イギリスという製造業の盛んな主要先進国の中で最低になったという驚くべき事実ばかりでなく、以下のことを報告した[21]。

2015年には、中国の生産コストが、米国南部を100とすると、116になると予測した。その結果、さまざまな企業が米国で生産を始めた。たとえば、①トヨタは、ケンタッキー州で組み立てられたカムリ（セダン）とインディアナ州で製造されたシエナ（ミニバン）を、韓国へ輸出すると発表した、②ホンダは、輸出を増やすために、インディアナ州とオハイオ州の工場の従業員のシフトを増やした、③ヤマハは、全地形万能車の米国以外での生産を、ジョージア州ニューマンに集約させた、④レノボは、Thinkブランドのノートパソコン、タブレット端末の生産をする工場をノースカロライナ州に開設した、⑤エアバスは、アラバマ州モービルでのエアバスA320の組み立て工場建設のプロジェクトに着手した、⑥世界最大級のEMS（電子機器受託製造サービス）のフレクストロニクスは、シリコンバレーに3、200万ドルのプロダクト・イノベーション・センターを建設すると発表した、⑦シーメンスは、サウジアラビアの発電所建設に用いるガスタービンをノースカロライナ州で製造すると発表した、⑧ロールス・ロイスは、飛行機向けのエンジン・ディスクの生産をバージニア州クロスポイントで2011年から開始した、⑨ミシュランは、採掘や建設業で使うブルドーザーの大型タイヤを生産するために、サウスカロライナ州の新工場の建設や、工場の拡張に7億5、000万ドルを投資すると発表した。

以上のような分析の結果、次のような提案がなされた。

① 予期せぬ変化への対応や、特定の市場を攻略するための迅速な生産の増減を可能とする柔軟性をもつために、世界の生産拠点に多様性をもたせるべきである。

② 生産コスト構造の変化を踏まえ、生産拠点を増強する際には、各拠点での総コストを緻密に計算して、増強拠点を決定すべきである。

最近の通貨変動、賃金の上昇や世界情勢の変化に伴い、わが国の企業は中国からベトナムやバングラデシュなどに生産拠点を移している。しかし、地産地消が有利になったり、為替レートが円安に振れたりした場合は、生産拠点を元の生産地や日本国内に戻すことも視野に入れなければならない。すなわち、ＢＣＧが指摘するように、賃金などのコストを視野に入れながら生産拠点の多様化を追求しなければならない。これを容易に行うためには、いつでも人材のマーケット・シェアを確保できるようにしておく必要がある。ＨＲＭは、利用できるあらゆる人材を活用する。したがって、かつて自社で働いていた「卒業生」の有効利用も考えるべきである。その「卒業生」にまた来てもらうためには、会社との関係を良好にしておかなければならない。

ＨＲＭの大きな目的は、家族や生活費などのさまざまな心配を従業員から取り払って、思う存分仕事をしてもらう環境をつくることである。ＩＭの目的はＨＲＭと似ているし、同じ部分もあるが、さらに進んで、従業員を顧客とみなして満足を提供することである。またＩＭは、市場という概念を重視している。

この目的を達成するためには、満足のいく労働条件ばかりでなく、教育の機会の提供、権限委譲による自己決定を許容し、工場などの閉鎖を行う際には十分な補償や再開の見通しについての丁寧な説明などが必要である。

5　競争対応

賃金の競争対応は、内部公平性の原則と外部競争性の原則という2つの個人賃金決定の原則が用いられる。内部公平性の原則は、高い業績や成果を収めた人には高い報酬を支払うというもので、従業員間の公平性を確保するための原則である。すなわち、この原則は、個人間競争に適用されている。通常、短期の評価は業績給やボーナスで対応し、長期の評価は基本給で対応する。

企業の業績やセクションごとの業績に連動したボーナスを支給するところが登場した。それには、ＥＶＡ（経済付加価値）連動ボーナスが含まれる。ＥＶＡは、税引き後事業利益から他人資本や自己資本を利用することにより最低限達成しなければならない収益率である資本コストを引いて求められる会社業績のことであり、これをボーナスの算定に加えたものがＥＶＡボーナスである。通常、これによって個人が受け取るボーナスは、基本ボーナス、個人業績ボーナス、ＥＶＡボーナスを足したものになる。ＥＶＡボーナスのよい点は、①ＥＶＡがマイナスでも改善に対して報いる、②企業の成果と各部門の成果の両方に基づいている、③上限がないなどがあり、花王、ソニー、旭化成、キリンビールをはじめとする主要企業が導入ずみである。

外部競争性の原則は、競争他社の賃金と対応できる水準に自社の賃金を設定することで、優秀な人的資源を確保するための原則である。これは、使用者の実際の賃金率が、関連した労働市場で競争的であるという前提に立つ市場競争賃金プランである。この基本的なアプローチは、使用者がそれぞれの職務に対して現在支払っている内部賃金と市場が同一もしくは類似した職務に支払っている外部賃金を比較し、この情報を市場競争賃金システムと結びつける。(22)

ＩＭの役割は、外部労働市場における福利厚生費を含めた賃金の調査と、内部労働市場における賃金バランスの状態の調査である。この内部のバランスは、社内の競争結果と賃金がバランスしているかどうかが問題になる。

6　需要対応

需要志向型価格設定方式に基づく賃金決定は、競争志向型価格設定方式、模倣型価格設定方式、略奪型価格設定方式と同様に採用案件になる。需要志向型価格設定方式は、需要に応じて価格を設定する方式である。たとえば、好景気のために労働者が集まらなければ、賃金を高くしなければならない。しかし、ケインズが指摘するように、需要が低下したからといって、賃金を引き下げることは難しい。

最近では、中途採用に対する需要も増えてきた。中途採用における問題は、内部昇進の人と違って、どのくらいの報酬を提示すればよいかが不明確な点である。通常、年齢、学歴、資格などの属人的要件のほか、前の会社でもらっていた金額、業界の平均額などを勘案して決定される。ヘイ職務評価システムを用いることもある。ヘイ職務評価システムは、アメリカ陸軍のエドワード・ヘイ大佐が考案した評価システムで、現在はコンサルティング・サービスを提供しているヘイ・グループが使用している。これは世界49カ国の企業が採用しており、職能と職務を従業員、直属上司及び他の会社で類似した職務を遂行している人々を含む評価審査員団により、職種別に点数をつけて年俸を決定するというものである。これによって、社員の市場価値を査定し、賃金の適正化を図るばかりでなく、自己研鑽を促す手段として用いることが可能となり、さらには中途採用を容易にする。

競争志向型価格設定方式は、競争他社よりもよい条件を提示しない限り優れた人材を獲得できないという前提がある。この方式は、必ずしも人材獲得に使えるわけではない。なぜなら、人はお金よりも、どんな仕事をするのか、何を覚えることができるのか、仕事はきつくないか、会社の将来展望はどうなのか、といったことのほうを大切にするからである。

ただ、2000年に三菱自動車がリコール隠しを行ったとき、全従業員の給与減額ではなく、リストラをして給与水準維持を図った。そこには競争他社と同程度の初任給を支払わなければ、優秀な人材を獲得できないという判断があった。

模倣型価格設定方式の代表は、大企業と中小企業の初任給に表れている。すなわち、中小企業は、大企業であるプライスリーダーに従う方式で、応募者を集める。不人気の業界でも用いられる。ここで初任給は、通常の勤務をした新規学卒者の6月分所定内給与額（所定内労働時間に対して支払われる賃金であって、基本給のほか諸手当が含まれているが、超過労働給与額は含まれていない）から通勤手当を除いたものである。厚生労働省の調査では、2015年の男女計では、大企業20万5、200円、中企業20万1、100円、小企業19万4、900円であった。このことから、大企業と中小企業の初任給の差はほとんどないことがわかる。ところが、労働政策研究・研修機構による2012年集計の企業規模別生涯賃金をみると、大卒男子の場合、従業員1、000人以上規模では、3億1、260万円、100-999人では、2億4、780万円、10-99人では2億1、990万円となっていて、大企業と小企業では約1億円の差が出る。

略奪型価格設定方式は、二番手の企業がプライス・リーダーシップをとろうとして新たな賃金を設定するものである。たとえば楽天は、2015年次実績初任給30万円を設定し、よりよい人材を獲得しようとしている。

7　その他の価格設定

その他として、セット価格やキャプティブ価格がある。一定期間勤めると資格が取れるとか、有名なレストランなどで経験が積めるなどの理由で支払賃金を低価格にすることが可能な仕事がある。グーグルでは、育休を2カ月間延長したが、そのコストより、その社員の専門知識を会社が失わないこと、代わりの人材を採用して訓練する必要がなくなることで節約できるコストのほうが多かった。[23] 長い育休などの福利厚生は、コストをかけずに人材を虜《キャプティブ》にするよい方法である。

8　まとめ

ＩＭにおけるプライスは、従業員の報酬である。利潤極大化を目指す設定は、必ずしも望ましいとは言えなかった。目標利益率の確保は、年金の管理に重点が置かれた。マーケティング・シェアの維持拡大は、国際市場を考慮に入れることが望まれる。

ＩＭ上、特に重要なことは、競争対応と需要対応である。こうした市場を考慮に入れる点はこれまでのＨＲＭには欠けていたことである。

【注】

（1）Stephan M. Liozu, *Pricing and Human Capital: A Guide to Developing a Pricing Career, Managing Pricing Teams, and Developing Skills*, Routledge, 2016, p. 210.

（2）日本経済新聞「労働分配率66・1％低水準に」２０１６年９月３日、朝刊。

（3）Stephen A. Ross, "The Economic Theory of Agency: The Principal's Problem", *The American Economic Review*, Vol. 6, No. 2, May 1973, pp. 134-139.

（4）John Maynard Keynes, *The General Theory of Employment, Interest and Money*, Paul Krugman, 2007, p. 15.（間宮陽介訳『雇用、利子および貨幣の一般理論（上）』岩波書店、２００８年、22頁）。ケインズは、「下方硬直性」という言葉自体は使用していない。

（5）Peter F. Drucker, *op. cit.*, p. 200.（前掲訳書、１８６頁）。

（6）Sam Walton with John Huey, *op. cit.*, pp. 163-164.（前掲訳書、１１９-１２０頁）。

（7）Howard Schultz and Dori Jones Yang, *op. cit.*, p. 125.（前掲訳書、１６５頁）。

（8）Joseph A. Michelli, *Leading the Starbucks Way: 5 Principles for Connecting Your Customers, Your Products, and Your People*, McGraw-Hill Education Books, 2014, p. 95.（小川敏子訳『スターバックス：輝きを取り戻すためにこだわり続けた5つの原則』日本経済新聞出版社、２０１４年、１２２頁）。

（9）Eric Schmidt and Jonathan Rosenberg with Alan Eagle, *op. cit.*, p. 233.（前掲訳書、３６６頁）。

（10）Karen Southwick, *High Noon: The inside Story of Scott McNealy and the Rise of Sun Microsystems*, john Wiley & sons, Inc., 1999, p, 112.（山崎理仁訳『サン・マイクロシステムズ：世界的ハイテク企業の痛快マネジメント』早川書房、２０００年、１５６-１５７頁）。

（11）Andre Millard, *Edison and the Business of Innovation*, The Johns Hopkins University Press, 1990, p. 22 and pp. 289-290.（橋本毅彦訳『エジソン発明会社の没落』朝日出版社、１９９８年、27頁及び３４４頁）。

（12）Brad Stone, *op. cit.*, p. 329.（前掲訳書、４５４-４５５頁）。

(13) Frederick Winslow Taylor, *op. cit.*, p. 22.（前掲訳書、55頁）。

(14) Uri Gneezy and John A. List, *The Why Axis: Hidden Motives and Undiscovered Economics of Everyday Life*, Random House Books, 2013, p. 236.（望月　衛訳『その問題、経済学で解決できます』東洋経済新報社、２０１４年、３４４頁）。

(15) John Mackey and Rajendra Sisodia, *Conscious Capitalism: Liberating the Heroic Spirit of Business*, Harvard Business School Press, 2013, p. 93.（鈴木立哉訳『世界で一番大切にしたい会社：コンシャス・カンパニー』翔泳社、２０１４年、１２１-１２２頁）。

(16) Leonard L. Berry and Kent D. Seltman, *Management Lessons from Mayo Clinic: Inside One of the World's Most Admired Service Organizations*, The McGraw-Hill Companies, 2008, p. 121.（古川奈々子訳『メイヨー・クリニック 奇跡のサービスマネジメント：すべてのサービスは患者のために』マグロールヒル・エデュケーション、２０１０年、２０３-２０４頁）。

(17) Sara Kristoffersson, *op. cit.*, p. 18.（前掲訳書、38頁）。

(18) Alfred P. Sloan, Jr., edited by John McDonald with Catharine Stevens, *My Years with General Motors*, Sidgwick and Jackson Ltd., 1968, p. 140 and p. 443.（田中融二・狩野貞子・石川博友訳『ＧＭとともに：世界最大企業の経営哲学と成長戦略』ダイヤモンド社、１９６７年、１８３頁及び５６５頁）。

(19) Peter F. Drucker, *op. cit.*, p. 233.（前掲訳書、２１６頁）。

(20) Adolf A. Berle, Jr. and Gardiner C. Means, *The Modern Corporation and Private Property*, The Macmillan company, 1933, p. 356.（北島忠男訳『近代株式会社と私有財産』文雅堂銀行研究社、１９５７年、４５０頁）。

(21)「米国南部の生産コストは、製造業の盛んな主要先進国の中で最低水準に」（http://www.bcg.co.jp/media/）。

(22) Gary Dessler, *Human Resource Management*, 13th ed., Pearson Education, 2013, p. 367.

(23) Laszlo Bock, *op. cit.*, p. 281.（前掲訳書、４２８頁）。

第5章 プレース

本章では、4PのPに当たるプレースについて述べたい。マーケティングでは、プレースとは、流通を意味する場合が一般的である。IMでは、プレースは、事務所などの立地、店舗及びオフィスが主な対象になる。

1 事業所の立地

経済地理学の先駆者と呼ばれるヨハン・ハインリヒ・フォン・チューネンは、馬鈴薯や大麦などの栽培に際し、土地の最適活用方法ばかりでなく、どのような土地がよいとか、都市の近郊で取れた農作物は高くなるなどの分析を行い、農業生産の立地理論を打ち立てた[1]。その後の古典的で代表的な経済学の「立地─生産理論」の基礎となった理論は、マックス・ウェーバーの最適立地モデルである[2]。このモデルでは、原料基盤の地理的な在り方、消費分野の地理的構成及び労働移動はないと仮定されている。そのように仮定すると、企業が最大利潤を得られる立地は、産出物の輸送に投入する総費用が最小化される場所となる。すなわち、生産物単位当たり立地図形の中を動かされなければならない総重量である立地重量が高い工業は、原材料がとれる場所が望ましく、重量が低い工業は消費地に近いほうがよい場所となる。生産物の重量と最適立地との関係はそれほど単純ではなくなったので、このモデルを現実に当てはめるのは、とても困難であるが、考え方の1つとしては役立つ。

プレースから利益を得る経済と、会社の内部組織と経営能力によって利益を得る経済とを分類したのは、アルフレッド・マーシャルである。[3] マーシャルは、企業の経営資源に依存する経済を「内部経済」、とりわけ特定の地域における類似の特徴をもつ多くの会社からもたらされる経済を「外部経済」と名付け、プレースの重要性を指摘した。外部経済は、産業集積の効果によって個々に事業を展開するよりも利益をもたらすと考えられる。

プレースとして最初に考察しなければならないのは、実店舗（モルタルと言う）[4]で商取引をするのか、インターネット上の仮想市場（クリックやスペースと呼ばれ、この市場のみで営業する企業は「ドットコム企業」とか「ピュア・プレイヤー」と呼ばれる）で事業を展開するのか、それともその両方（クリック・アンド・モルタル）で行うのかを決定しなければならない。クリックはバーチャルオフィスを生みだすが、これによって仕事をする場所はすべてオフィスになる。すなわち、バーチャルオフィスには、決まったオフィスがなく、ＩＴを活用することで仕事ができるところがオフィスになることを意味する。

クリックの出現は、市場に大きな影響を及ぼした。前述のように、スティーブ・ジョブズは、すぐに何百億ドルものモノやサービスがウェブで販売されるばかりでなく、世界一小さな企業でも、ウェブ上では世界最大の企業と同じように扱われることもできるようになるだろうと予言した。クリックに関するＩＭの関心は、どのウェブサイトやプラットホームを利用するかということなどになる。

本章では、主としてモルタルについてみていきたい。プレースとしての立地の選定は、事業運営にとって非常に重要である。鉄鋼王アンドリュー・カーネギーは、本社をピッツバーグからニューヨークに移した。彼は「アメリカではニューヨークはあらゆることの中心で、ロンドンが英国にとって重要なのと同じであった。アメリカの重要企業はみんな本社をニューヨークにおいていた[5]」とその理由を述べている。

小売業では、場所の選定ミスは営業利益ばかりでなく、組織の存続に決定的な影響を及ぼす。たとえば、ケンタッキー・フライドチキンの創業者カーネル・サンダースが経営する「サンダース・コート&カフェ」は、店の前の高速道路が町の西側に11キロも移転したため、廃業に追いやられたことは有名である[6]。

スターバックスのハワード・シュルツＣＥＯは、出店場所の重要性について次のように指摘している。

「出店場所の選定にはたっぷりと時間をかけた。一カ所たりとも判断を誤る余裕はなかったからだ。一件判断ミスを犯すと、35万ドルが物件の改装費用として計上されるだけでなく、別途解約費まで支払うことになる。つまり、ほかの事業に回せるはずだった、最低50万ドルの資金を失う危険性があるということだ[7]」。

「スープストック」は、企画書に「女性の行ける店の圧倒的不足の解決」を掲げたスープの店であるが、出店場所と規模が極めて重要であることを示している。同社は、設立当初、人の動線が読めなかったため、出店場所を誤り、赤字続きになったが、規模のスリム化路線と好立地の選択によって売り上げ30億企業に成長した[8]。

マクドナルドの創業者レイ・クロックは「会社で飛行機を購入した当初は、地域の上空を飛んで学校や教会などを探して、店舗の候補地を決めるのに使っていた。上空から大まかな情報を得た後に、陸路で実際に現地に向かっていた。いまはヘリコプターを使っている。社のヘリコプター五台使い、不動産開拓をする地域を飛ぶと、それまでの方法では見つからなかった場所を見つけることができる[9]」として、空からよりよい出店立地を探していた。

フィリップ・コトラーらは、新事務所の立地選択に際して以下のような考慮すべき事柄を指摘している[10]。

（1）競合他社の事務所の立地
（2）病院、裁判所、大学、図書館といった頻繁に利用する施設への近さ
（3）銀行やコンサルティング会社、法律事務所、会計事務所、研究所、保険会社などの

「支援組織」への近さ
（4）レストランやクラブなどの接待する場所への近さ
（5）事務所賃貸料、公共料金、セキュリティ費用、駐車場代、保守整備費などのコスト
（6）人口、不動産価格、購買パターンなどの今後の動向
（7）立地候補の拡張や撤退が容易かなどの柔軟性
（8）道路網や地域区分から見た商圏の重複

これらはどれも重要であるが、とりわけ市場の大きさが一番の問題である。市場の大きさについては、必ずしも人が多いことだけが問題ではない。マクドナルドは、かつて「退屈率」を重視していた。これは、「退屈な町ほど、マクドナルドが成功する確率が高い」[11]というものであった。

HRMの立場からは、産業集積が重視したい要因にあげられる。産業集積とは、地理的に近接した場所にある産業にかかわる企業が集まった状態を指し、そこに集まる企業の協業関係《アライアンス》が相乗効果をもたらす場合は、クラスター[12]と呼ばれる。産業集積は、特定の産業に従事する人材をひきつける。その結果、特定の場所に人材を求めて企業がさらに集まってくる。HRM上優秀な人材の確保は、戦略遂行上、最重要課題である。

エンリコ・モレッティは、人的資源の集積がコラボレーションを生みだし、その結果としてイノベーションをもたらすと指摘している。[13]その1つの例は、マイクロソフトがかつてシ

アトルに本社を構えたことである。アマゾンがシアトルで開業できたのは、マイクロソフトの技術的集積の恩恵に浴したためであると分析されている。またもう1つの例として、ウォルマートがあげられている。創設者のサム・ウォルトンと、買い物をする場所を店名として組み合わせたウォルマートは、アーカンソー州ベントンビルに本社を構えている。ベントンビルは小さな町で、ビジネスを運営するコストが極めて安いからである。オフィス賃料の相場は全米有数の安さで、生活コストも賃金水準も低い。ところが、ネット販売に参入するために設立されたウォルマート・ドット・コムは、サンフランシスコに拠点を置いている。それは、①厚みのある労働市場で高度な技能をもった働き手が大勢いる、②多くの専門のサービス業者の存在、③知識の伝播という産業集積があるためである。

こうした集積が大きく影響するのは、「人的資本の外的効果」と呼ばれるもので、ある人の知識やスキルが他の人の知識やスキルを高める効果である。ロバート・ルーカスは、人的資本への投資が個人あるいはその家族にもたらす利益を人的資本の内的効果と名付け、集団を含む社会活動の結果、人的資本の蓄積が起こり国の富に及ぼす利益を人的資源の外的効果と呼んだ。[14] ここで、ルーカスは、人的資本を人間のスキルのレベルと定義している。

人的資本の外的効果などによってもたらされる地域格差は、生涯賃金に影響を及ぼす。つまり、移住に対する積極性の違いが格差と大きく関係している。今日、アメリカの半分の世帯は、5年に一度の頻度で引っ越しているし、学歴の低い層ほど地元にとどまり、アメリカ全体でみると、大卒者の半分近くは30歳までに生まれた州を出ると指摘されている。[15] わが国でも、たとえば秋田県の場合、国立社会保障・人口問題研究所の「日本の地域別将来推計人口」によると、今後、同県の人口は減少を続け、平成32年に95万9千人となり、100万人を切るものと推計され、平成52年には70万人に減少し、65歳以上人口の割合は43・8％となって、ますます高齢化が進展すると見込まれている。秋田県企画振興部調査統計課によれば、人口流出と人口の自然減少により、就業者の減少、そして所得の減少、消費の減少という連鎖があると捉えている。このように、日本でもアメリカのような移動傾向があることがわかる。

中小企業庁は、産業集積の類型を「企業城下町型」、「産地型」、「都市型複合集積」、「誘致型複合集積」の4つに分類している。豊田市は、トヨタの企業城下町である。豊田市に居を構えていることについて、トヨタ生産システムを体系化した大野耐一トヨタ元副社長は、「トヨタ自工は一兆円企業になった現在でも、相変わらず、三河の在に本社を構えて動こうともしない。あれでは世界の情報にもうとくなってしまうと、忠告の言葉を耳にすることがあるが、私はそのようなことでは、世界の情報、そして肝心の日本の情報にもうとくはならないと考えている。私はいまの情報化時代に生きるには、表面を流れる情報の渦に巻き込まれることなく、とうとうと底流を流れる情報の本質に迫ることが大切なのだと思う[16]」と述べている。

このように、いったん基盤ができ集積が行われたなら、必ずしも本社を移動する必要はないかもしれない。また上述のアメリカの人的資源の外的効果の例は、マイクロソフトを中心とした企業城下町型産業集積で生じたと言えるであろう。最初、マイクロソフトの本社がシアトルに設立されたのは、創立者のビル・ゲイツがシアトル出身者であったからである。したがって、シアトルの優位性は、偶然の賜物とも考えられる。

上記のコトラーらの指摘と4つの産業集積の条件以外にも、プレースを決定する際に考慮すべきことがある。[17]

第一は、コトラーの最初の指摘と関係するが「支店間の競合回避」である。たとえば、コンビニエンスストアを展開する場合は、同じ店舗の立地が競合しないように考慮しなければならない。ただし、出店場所を集中すると、コストを下げると同時に短時間での配送などの店舗ニーズに速やかに応じることが可能になる。セブン-イレブンは「ドミナント出店戦略」を採ってきた。この戦略は、限定地域への集中出店であり、このことによってたくさんの専用工場及び配送センター当たりのカバー店舗数が多くなり、物流面においても短い時間距離での配送車の移動ですむというメリットを生みだした。今では日本セブン-イレブンの100%子会社になった、アメリカのセブン-イレブンの本部企業「サウスランド社」を再建する際にも、店舗のリモデリングと並行して、不採算部門をクローズするときドミナントを強化するやり方でテコ入れした。[18]すなわち、競合回避と流通という問題を同時に解決しなくてはならない。

第二は、場所の「安全性」である。たとえば、沖縄「バックアップセンター」に設置されるのは、地震が少ない、東京と同時には災害やテロが起こりにくい、国際海底テーブルの中継点である点が評価されている。もちろん、海外では、テロや病気などに罹患する恐れがある場所は極力回避されよう。戦時中には、疎開のための移転もあった。サントリーでは、第二次世界大戦中に工場適地の探索のため、東は小田原から、兵庫県赤穂市にかけて訪ねあぐねて、行きついたのが大分県の臼杵であった[19]。

2020年には、東京でパラリンピックが開催されるが、障がい者ばかりでなく、増加する高齢者にとっても安全で優しい街づくりが望まれている。このことは、企業にとってもあてはまることで、街のバリアフリーとオフィスのバリアフリーが一体となっていなければ優しい場所とは言えない。そうしたエリア全体のバリアフリーに参加することは、会社の社会的責任である。

海外の安全性に関しては、格付投資情報センター（R&I）が100カ国・地域を対象としたカントリーリスク調査を行っているので参照したい。同社のカントリーリスクは、「海外投融資や貿易を行う際、個別事業・取引の相手方がもつリスクとは別に、相手国・地域の政治・社会・経済等の環境変化に起因して、当初見込んでいた収益を損なう、又は予期せず損失が発生する危険」と定義されている。リスクが低いのは、シンガポール、アメリカ、ドイツなどとなっている[20]。

第三は、場所の「ブランド性」である。東京では丸の内や大手町、大阪では天満橋や梅田が代表的なオフィス街であるが、業種によっては、京都プラス祇園のような狭いエリアが有するブランド性があげられる。海外では、パリやニューヨークに拠点を構えることが、ブランド力をつけることになる。ユニクロは、ニューヨーク5番街店、英国オックスフォード・ストリート店、パリ・オペラ店などに出店している。

JINSの田中仁社長は、場所のブランド性について次のように述べている。

「なぜ、代官山、京都、神戸だったのか。理由は「おしゃれなイメージがある街」だからだ。なんと単純な理由かと、がっかりされるかもしれない。でも、ブランドとして、どこの土地に店があるかというのは、案外重要なポイントなのだ[21]」。

また、タリーズ創業者の松田公太社長は「一号店の出店場所には、強いこだわりがあった。日本で知名度のない「タリーズ」というブランドのイメージを確立しようと思えば、一号店は最高の場所に出店すべきである[22]」として、銀座を選んだ。その際、店舗予定地現地に朝、昼、晩と赴き、通行人の人数ばかりでなく、男女別、年齢別、サラリーマン、自由業、学生などの職業別、歩いているスピードから生活圏の人かどうかまで、できるだけ細かくデータ収集している。

第四は、場所の「安さと人材確保の容易さ」である。これはコトラーの指摘する事務所賃貸料や公共料金などのプレースにかかわるコストの低さばかりでなく、人材が同時に確保できる場所が望ましいことを意味する。ザッポスは、サンフランシスコに本社を置いていたが、生活費の高さとコールセンターで働きたがらない文化を嫌気してラスベガスに移転した。ラスベガスは、コールセンターの社員採用には素晴らしい場所であったが、マーチャンダイザーやバイヤーはロサンゼルスやニューヨークから採用できなかった。そこで自前で育成した結果、企業文化にフィットした人材を確保できた(23)。

ザイマックス不動産総合研究所の２０１６年調査では、東京23区の一人当たりオフィス面積は３・８坪で、一人当たりの賃料は月６４、６９７円となっている。同研究所の報告では、このオフィス面積は、調査開始以来最小値となっていて、フリーアドレス制などの活用で面積を縮小している会社があると報告している。今後、地方にオフィスを移転するところも出てくるかもしれない。今日では、地方でも高速ネット回線が普及し、大都市と同様の条件で格安に事務所開設が可能になった。たとえば、福岡と札幌の平均賃料は３・３㎡あたり、東京23区に比べてそれぞれ23％、44％安く、人材についても採用しやすくなっている(24)。しかし、バブルの時のように、東北などに一時的に生産拠点を移したものの、人件費だけでは海外に勝てず、国内の空洞化が進んだこともあった。マブチモーターのように、「世界中どこよりも安いところで作る」というスローガンのもと、１００％海外生産をしているような会社もある(25)。

第五は、場所の「費用対効果」である。これは極論すれば、どれだけお金をかけても、それ以上の利益を得ればよいということである。たとえば、スターバックスでは、企業拡大とブランド確立のために、出店場所について①好ましい他の小売業が近くにある、②人通りが多く目立つ場所を借りる、③ブランドのイメージを大切にしたデザイン、④高品質でありながらコスト効率のよい建設、⑤慎重な資産管理を柱にしている[26]。

ほとんどの企業では、オフィススペースは、給与と各種手当に次いで支出の大きい部分を占める。このことについてトム・ケリーは、「競争力ある企業はどこも、一流の才能にはそれに見合う高い給与を支払わなければならないことを知っている。その才能あふれる人たちが仕事をするスペースを作り出すことに同じだけの注意を払うのは当然ではないだろうか。アスリートには適切な施設が必要だ。働く人間も同じである[27]」と述べて、よいオフィスの必要性を強調している。

費用対効果を高める方法として、昼間と夜という時間帯別に別の仕事をする二毛作立地という方法がある。大学は、昼間は昼間主、夜は夜間主の授業をすることで、夜休んでいるプレースを活用できる。すなわち、昼間主と同じ先生や職員（人的資源）、建物及び大学名（ブランド）を使えるなどのメリットがある。

昼はカレー屋、夜は居酒屋など、同じ店を曜日によって異なる店名で営業する例もみられる。富山の置き薬や「オフィスグリコ」、森永コンビニＢＯＸなどのオフィス内立地も有効である。さらに、ケンタッキー・フライドチキンのカーネル・サンダースが行ったガソリンスタンドと「サンダース・カフェ」の同時営業、レンタルビデオと書店を展開するＴＳＵＴＡＹＡ、カフェとメガネ屋をセットにした「ジンズガーデンスクエア」のように、いくつかの事業を同時に営むことによってもたらされる相乗効果であるシナジーを求める複合立地も効果がある。この範疇には、通常メニュー以外にワインやビールを提供する「スターバックス・イブニング」も含まれよう。

世界最大の事業用不動産サービス及び投資顧問会社のＣＢＲＥの２０１６年の調査[28]では、供給不足と空室率の低さから、世界一のオフィス賃貸コストは香港で、１平方フィート当たり２９０・21ドルであった。ロンドンは、ＥＵ離脱の影響を受けて首位の座を香港に明け渡し2位になった。東京の丸の内・大手町は、同１６０・47ドルで世界6位であった。世界全体として、1年で賃料は平均２・４％上昇した。ここから、途上国の経済成長に伴い、金融街を中心として今後も賃料は上昇すると推測される。すなわち、途上国の金融街は、費用対効果が高いと評価される。

第六は、「交通の利便性」である。新幹線が止まる駅が近い、地下鉄やＪＲなどの駅がある、豪華客船が停泊できる港がある、飛行場が近いなど、交通インフラが整備されていることが欠かせない。衣料品のザラを展開するインデックス社にとって、ア・コルーニャ空港は製品を世界に輸送するのに欠かせない。ただ、交通インフラが整備されているだけでは十分ではない。交通インフラの営業時間と交通費を考慮しなければならない。終電が早いと安心して仕事ができないし、交通費は、企業ばかりでなく従業員とその家族にとっても住みやすさの評価点になる。

駅ナカ立地と呼ばれる駅と一体化しているスペース、道ナカという高速道路のパーキングエリア、空ナカと呼ばれる飛行場などが利便性の面から注目される。

また、他の工場や設備間の近接性もこの利便性と関係がある。GMは、技術センターを建設する際、工場のあるデトロイトに近い市街の地点を選んだが、その理由は、高度の研究を製品に取り入れるまでの時間を短縮できるためであった[29]。

第七は「規制の特例措置」である。本来、事業化が不可能な地域でそれを可能にすることを定めた法は、「構造改革特別区域法」である。この法律において「構造改革特別区域」とは、地方公共団体が当該地域の活性化を図るために自発的に設定する区域であって、当該地域の特性に応じた特定事業を実施し、またはその実施を促進するものを言う。2016年3月現在では、1,264件が認定されており、第39回では、北海道「札幌通訳案内士特区」や新潟県「三条市「こくわ酒」特区」など10件が認められた[30]。

こうした「特区」と呼ばれている地域は、構造改革特別区域だけにとどまらない。世界銀行の分類では、100以上の国で自由貿易特区（貿易の支援）、伝統的な輸出加工区（製造業の輸出促進）、自由企業（製造業の輸出促進）、ハイブリッド輸出加工区（製造業の輸出促進）、自由貿易港（総合開発）などが指定されていて、それぞれ魅力的な特徴をもっている。[31]

また、「コンセッション」と呼ばれている、国や地方公共団体が公共インフラの所有権を残しつつ事業運営権を売却する方法がある。たとえば、仙台国際空港は、これにより、東京急行電鉄などが出資する「仙台国際空港株式会社」によって事業運営されることになった。

第八は、「節税」である。規制緩和ばかりでなく税の減免措置も行われている「特区」も存在する。わが国の場合、規制・制度の特例や、税制・財政・金融上の支援措置が適用される区域として、総合特別区域がある。「総合特別区域法」によって規定されており、総合特別区域とは、国際戦略総合特別区域及び地域活性化総合特別区域がある。前者は、わが国の経済成長のエンジンとなる産業・機能の集積拠点の形成であり、地域活性化総合特別区域は、地域資源を最大限活用した地域活性化の取組による地域力の向上を目指すものである。２０１６年（15回）には、国際戦略総合特別区域では、東京都のアジアヘッドクオーター特区、神奈川県、横浜市、川崎市の京浜臨海部ライフイノベーション国際戦略総合特区、福岡県、北九州市、福岡市のグリーンアジア国際戦略総合特区の3件が認定された。地域活性化総合特別区域では、雲南市のたたらの里山再生特区（中山間地域における里山を活用した市民による地域再生の挑戦）の1件が認定された。[32]

また、国が主体となって特区を設定するための「国家戦略特別区域法」が制定されている。この法律において「国家戦略特別区域」の設定理由は、産業の国際競争力の強化及び国際的な経済活動の拠点をつくることにある。そのため、当該区域に認定されたところでは、課税の特例、支援利子補給金の支給、新たに法人を設立しようとする者に対する援助、創業者が行う事業の実施に必要な人材の確保のための創業者等に対する援助、個別労働関係紛争の未然防止等のための事業主に対する援助、構造改革特別区域において実施される事業との連携などの施策が講じられている。

そのほか、「地方拠点法」も土地取得援助などの進出支援や、税制上の特例が受けられる制度を設けている。同法は、地方においては、若年層を中心とした人口減少が再び広がるなど、地方全体の活力の低下がみられる一方で、人口と諸機能の東京圏への一極集中により、過密に伴う大都市問題がさらに深刻化するという状況が生じていたことから、地方拠点都市地域（地域社会の中心となる地方都市と周辺の市町村からなる地域）について、都市機能の増進と居住環境の向上を図るための整備を促進することを目的として制定された。これにより、地方の自立的な成長を牽引し、地方定住の核となるような地域を育成するとともに、産業業務機能の地方への分散等を進め、産業業務機能の全国的な適正配置が行われることになる。

山形の米沢市では、同法に基づき、工業団地・米沢オフィス・アルカディアへの企業誘致策として、土地取得の最大5割を助成するほか、建物取得の1・5％、償却資産取得費の10％を助成するばかりでなく、市内雇用者に対する助成金、固定資産税の課税免除、融資制度、産業用地賃貸借制度といった各種支援事業を展開している。(33)

海外におけるそうした例は、以下の通りである。

デンソーは、グローバル化の動き、為替レート、市場動向及び保護主義の圧力などでアメリカ生産を決定したのであるが、ミシガン州のバトルクリークという小さな町から進出要請を受けた。その際、建物及び設備にかかる資産税の50％を最長12年間にわたって軽減することを示された。結局デンソーは、①デトロイトから300マイル以内である、②現地の雇用養成・訓練協会が作業者の募集と訓練をしてくれること、③地元の人々の受け入れがあった、④高速道路や米国関税の通関港及び自由貿易地域の許可などのインフラの整備、⑤工業団地に100エーカーの土地があったことなどを勘案のうえ、バトルクリークに決定した。[34]

同様に、日産がミシシッピ州に工場を建設することになった時、マスグローブ州知事は、同州の上院と下院に補助金支給の可決を求め、結局3億6、300万ドルが支給されることになった。[35]

第九は「多様性」である。日産が黒人の多いミシシッピ州に工場設立を決定したのは、「日産は黒人が嫌い」だという風評を排除するためであった。[36]また日産は、黒人学生が多いタウガルー大学に財政支援を申し出た。

第十に「居住性や環境」がある。空気の質、温度、湿度、日当たり、風通しなどの居住性も考慮に値する。ＩＢＭのワトソン・ジュニアは「その頃国内を旅するたびに、私は、ＩＢＭの研究開発部門のための優秀な人材のスカウトを心がけた。こちらの勧誘にどうしてもなびかないのは、スタンフォード大学、カリフォルニア工科大学、カリフォルニア大学等の卒業生だった―彼らはウエスト・コーストのうららかな陽光から離れたがらないのだ。かくなる上は、と言うわけで、IBMではかなり早い時期に、サンノゼに研究所を設立することを決定し、スーパーマーケットになる予定だった建物を購入していた[37]」と述べ、採用にも立地の重要性がかかわってくることを指摘した。

神戸は、居住性について、外資系企業を含め評価が高い[38]。神戸は、1867年に居留地として開港して以来、外国商社が数多く設立されてきた[39]という歴史も関係している。40年以上、日本で事業展開しているP＆Gジャパンの奥山真司前代表取締役社長は「神戸は、社員の住環境、交通アクセス、国際都市のイメージのすべてにおいて優れています。都会的な環境とともに海や山の自然があり、通勤も便利で社員に働きやすい環境を提供してくれます。また国際空港や新幹線の駅にも近くビジネスにも私生活にも便利です。神戸の魅力は有能な人材を採用するのにも適しています」として、2016年の新本社移転に際しても神戸に留まった。また、日本で100周年を迎えた、ネスレ日本の高岡浩三代表取締役社長兼CEOは「ネスレの本部は、創業以来スイスの小さな町ヴェヴェー。その経験から、日本でも仕事のしやすさに加え、社員の住みやすさも重視し、神戸に本社を置いてきました」と述べている。

もちろん、こうしたさまざまな条件をクリアしていないところでも、生産性が高い場合や繁盛している事業所は存在する。レストランがその代表である。田舎でも、おいしい料理があればお客は来る。2015年ミシュランガイドで三ツ星を獲得したのは26店舗であったが、そのうちパリには6店舗しかない。これらのレストランの中には、地方の食材などの存在が比較優位を引き出している店もあるので「産地型」の範疇に入れられるものもあると考えられる。

また、他から影響されない場所に移転するケースもある。インテルが1970年当時は何もないところであったサンタクララへの本社移転の最大の意義は、真新しく近代的でピカピカな、そして社員が増えても十分収容できる広い建物に移ったという表面的なことではなく、社員が引き抜きに合わないように、わざと商売仲間やライバル企業から離れた場所に移転することであった。[40] また、トーマス・エジソンは、新研究所を建設する際、小さな町をいくつか調べた後、安い土地を選んだ。そして部屋数が取れて都会の騒音に妨げられない条件を満たしたメロンパークが選ばれた。[41] ケンブリッジ大やハーバード大など海外では、大学は大都会ではなく、地方にある場合が少なくないし、わが国でも研究所は、必ずしも都会にない。静岡県三島市にある「国立遺伝学研究所」や山形県鶴岡市の「慶應義塾大学先端生命科学研究所」などがある。これは、そうした場がメンタルモデルの共有、すなわち、組織学習に適していると考えられるからである。

さらに、立地の価値を高める方法もある。最高級の土地を買う必要はなく、安く土地を買って付加価値をつけることも不可能ではない。

立地条件は、ほとんどの企業の創業、工場設置または出店などの場合に最初に考慮しなければならないものである。立地の選択に際し、さまざまな情報の収集とそれらの比較分析の後に決定しなければならない。

2 プレースとオフィス

プレースには、オフィスが存在する場所の意味と、オフィスそのものまたはオフィス内部の意味がある。ここからは、オフィスについてみていきたい。わが国の最初の近代的なオフィスは、明治5年（1872年）に建てられた国立第一銀行であると言われている[42]。オフィス内の典型的なデザインは、島型対向式デスク配置と呼ばれるもので、約150年近くほとんど変わっていない。机を前後左右に付けてまるで1つの島のように配置する島型対向式デスク配置の例は、企業ばかりでなく、中学や高等学校の職員室、市役所など、いたるところで観察できる。しかし、そのオフィスデザインがどの程度効率的であるかについては、ほとんど考察されてこなかった。

日本では、アーキテクチャー（建築物）やオフィスのデザインがマーケティングや組織有効性に与える影響を軽視してきたと思われる。デザイナーの仕事は、ドラッカーの見事な表現を借りれば、「ニーズを需要に変える」ことだと言われる[43]。ニーズの汲み取りが重要である。また、顧客ばかりでなく、働く人の立場にたってオフィスをデザインすることが望まれる。そうすることによって、人的資源の有効活用と組織に働く人々の職務満足及び肉体的健康の増進やマーケティングの成果を上げることにつながるからである。このように、オフィスへの投資が組織にとっていかなる価値をもたらすかを考える機会を提供するのが、本章の目的でもある。

3　オフィスとは何か

産業革命後の企業に付加価値をもたらすスペースは工場であったが、ドラッカーが指摘したように、知識社会が到来し、付加価値をもたらす主なスペースはオフィスになった。「オフィス」に関しては、建物自体を意味する建築学的な意味と、働く場所という社会学的で経営学的な意味の2つがある。いずれの場合も人々が仕事をする場所と関係がある。

ここでは、オフィスを2つの意味に関連付けて用いることにしたい。たとえば、オフィスの建築学的な意味では、販売など組織の機能を果たすばかりでなく、従業員を守るための安全衛生管理と関係がある。建物をランドマークとしてみつけやすい、製品を展示しやすい、店に入りやすいといった事業展開ばかりでなく、地震に強いとか、シックハウスの原因となる化学物質などがないとかは、安全衛生管理にとっては重要な点である。

働く場所としてのオフィスは、組織にとって不可欠な協働とか地位の象徴などさまざまな意味をもつ。したがって、オフィスは「組織構造と業務プロセス、情報技術、（不動産、ファシリティ、空間などの）物理的システムを含む、組織の機能を収容し、サポートするもの」[44]と定義することができる。なお、IT社会の進展とともに、オフィスは、固定された場所という意味ではなくなりつつある。具体的には、自動車などの移動手段をオフィスに改造するモバイルオフィスなどの出現がある。そのために、欧米ではオフィスに代わって、「ワークプレース」という用語を使う場合もある。この用語の登場には、在宅勤務の増加が大きく影響したものと考えられる。

また、一時は工場が主な働く場所だったのに対して、今日では主な仕事場がオフィスになったのであるが、いずれの就業の場もワークプレースと言える。工業化の進展で、工場ができてから主な仕事場がオフィスに移行するまでの時間は、長くはかからなかった。工場が設立された時期でさえそれほど古くはない。たとえば、アメリカの最初の工場は、1789年にロード・アイランド州ピューターケットでサミュエル・スレーターが始めた事業であり、1807年まで工場生産はゆっくりと広まっていった[45]。

厚生労働省『労働白書』によると、職業別就業者構成割合は、1950年代は農林漁業作業者の割合が最も大きく、全体の48・0%を占めていたが、その後は低下を続け、2009年には4・1%まで減少した。高度経済成長を通じて、生産工程・労務作業者、販売従事者、事務従事者などが増加し、特に、製造・製作・機械運転・建設作業者等のいわゆるブルーカラーと呼ばれる人は、1970年に32・4%となった。生産工程・労務作業者は、その後、徐々に割合を低下させていき、2013年で29・4%を占めている。このように就業構造が大きく変化し、ワークプレースも広く変わってきたことが推測される。

したがって、ワークプレースは、オフィスよりも広い意味で仕事をするスペースを意味するようになり、自社のオフィスに限定せず、労働者が仕事を行うすべての場所となった。ここから「ワークプレース戦略」とは、ワークプレースをどのように組み合わせるかという決定のことを指す。

「オフィスマネジメント」は、オフィスデザインを中心としてオフィスに関わる物事全般のマネジメントを意味する。また、オフィスマネジメントと関連した用語として、わが国でも「ファシリティマネジメント」(FM)という言葉が用いられている。FMとは、建物自体の管理とその建物に付随したエアコンや清掃などのサービスの管理のことである。社団法人日本ファシリティマネジメント推進協会によると、FMは「企業・団体等が組織活動のために施設とその環境を総合的に企画、管理、活用する経営活動」と定義されている。要するにFMの要点は、ワークプレースの最適化を求める活動であり、以下のような一般的機能を担う[46]。

① 人員計画や業務管理などの組織全体のマネジメント

② スペース予測や資産計画などの施設計画と将来予想
③ 賃貸管理などのリース業務処理
④ スペース割付などのスペース計画、再配置、マネジメント
⑤ 既存建物の保守を含めた建築・設備計画とデザイン
⑥ ワークプレースデザインや家具仕様などのワークプレース計画、割付、計画管理
⑦ 予算、会計、経済的評価
⑧ 不動産取得と処分
⑨ 建設発注などの建設プロジェクトマネジメント
⑩ 通信システムインフラや室内設備の設置などの模様替え、更新、ワークプレース計画
⑪ 外装メンテナンスやエネルギーマネジメントなどの運用、保守、修繕
⑫ テレコミュニケーション、データ通信、IT配線、ネットワークマネジメント
⑬ セキュリティ／ライフセイフティ管理
⑭ フードサービス、運送／車両メンテナンス、健康管理&フィットネスプログラムなどの一般総務サービス

4　オフィスの進化と生産性(47)

オフィスの起源は、いまから約二千数十年前に建造されたエルサレムのエホバの神殿であると伝えられている。中世の大聖堂は、唯一の安全で公的なオープンスペースであり、両替などのビジネス活動でにぎわっていた。(48)実際、マタイによる福音書第2章16節でイエスは「このような物はここから運び出せ。私の父の家を商売の家としてはならない」と述べている。父の家とは、エホバの神殿を指す。

今日のような職場としてのオフィスが登場するのは、1800年代に入ってからである。1800年代になると、製造業を中心とした第二次産業が拡大して産業社会が誕生した。そのため、人々が協力して仕事をするスペースが日常的に不可欠となった。また、1868年にはタイプライターが発明され、屋外ではなく、室内での仕事が増加して、オフィスの原型が生まれた。

1900年代に入ると、旧帝国ホテルの設計でも有名なフランク・ロイド・ライトの設計で、ニューヨークにラーキンビルが建てられた。この建物は、最初の近代的オフィスビルディングであり、スチール家具やエアコンなど、当時の最先端技術をすべて採用したものであった。(49)ライトは、建物ばかりでなく、オフィスで仕事をするための家具もデザインしている。

ライトが設計した椅子は、机に取り付けられていて、効率を志向したものであり、1つの大きな事務家族として働けるようデザインされた。1930年代にはエンパイヤーステートビルやクライスラービルなど高層ビルが次々建設された。

フレデリック・テーラーの『科学的管理法』は、オフィスで働く人々の能率向上を要請し、こうしたオフィスビルの建設につながったと言われている。[50] テーラーは、「このように一日前に仕事の計画をたてるには、労務課というような事務所が必要である。以前にはこんなものはなかった」と述べて、本社における計画部オフィスの重要性を指摘した。[51] それ以降の経営に関するさまざまな理論の登場は、科学的管理法と同様、多かれ少なかれオフィスのデザインに影響を及ぼしてきた。

その後、欧米のオフィス環境には、進化がほとんどみられなかった。その大きな理由として、家具製造企業が、統一性や合理性の欠いたオフィス家具を製造していて、それらが普及していたためである。[52]

人間関係や参加を主張する理論の登場がオフィスのデザインに反映された代表的な例は、西ドイツで誕生した。1950年代後半にシュネル兄弟は、少人数のグループとコミュニケーションモデルが共通の理解や提言の促進になるというメタプランという方法を生み出した。[53] この方法を用いるためにデザインされたオフィスが、ビューロランドシャフトである。この室内設計は、自動制御学をオフィスに応用したサイバネティックオフィスの最初の試みであった。ビューロランドシャフトは、大きく、オープンで、カーペットが敷き詰められ、パーテーションや植物などを用いることによって、空間の柔軟性と開放性をもたせて、コミュニケーションを促進するとともに、平等性をもたせるデザインであった[54]。

1960年代に入ると、インテルが、15世紀のイギリスにおいて、職場におけるプライバシーの問題が出てきて導入した、キュービクルと呼ばれる、衝立などで囲まれた小さなスペースを導入した[55]。家庭家具製造会社のハーマンミラー社のつくり出したシステム家具を利用したそのコックピットのような仕事場は、プライバシーの確保をもたらしたが、最小のスペースで従業員を仕事に縛り付けるものであった。また同時に、そのキュービクルは、人々の対人コミュニケーションを減少させた。しかし、こうしたオフィス配置は、アメリカに広まっていった[56]。

1970年代は、オフィスのモジュール化や標準化が進展して、ユニバーサルプランと呼ばれるデザインが普及した。ユニバーサルプランは、建物の中のすべての部屋を同じ大きさにしてコストを削減しようとするものであった。ユニオン・カーバイド社は、専門職から部門長まですべて同一サイズに統一するユニバーサルプランを採用し、満足度向上とコスト激減を達成した[57]。

1980年代初頭以降になると、オルターナティブ（代替的）ワークプレース戦略（AWS）というコンセプトが登場した[58]。AWSは、従来のセンターオフィス以外の場所でも社員が働くことを想定したものであった。たとえば、ホームオフィスと呼ばれる在宅勤務、ホテルを予約するようにレンタルオフィスを事前に予約して利用するホテリング、自動車や飛行機を改造したモバイルオフィス、出張先でも業務が行えるような機器やネットワーク環境を整備したスポットオフィス、図書館などの公共施設活用型のパブリックオフィスなどがそれに相当する。

モバイルオフィスは、1940年代初めには、すでに活用されていた。ニューヨーク市長の秘書となったデイビィッド・ロックフェラーは、「(7人乗りリムジンの)クライスラー車は動く執務室であった。わたしもよく、市庁舎の出がけの彼(市長)に連れ出され、車の中で通信文を訂正したり、市長が興味を持つ事業について論じあったりした。ふたりして、移動中は仕事に没頭する(59)」と回想している。

パナソニックでは、場所に制約されない効率的な働き方として「e-Work」(デジタル技術を活用した新しい働き方)を推進しており、「スポットオフィス」を全社17拠点(日本16拠点)に設置している。多様で柔軟な働き方の加速を通じて、生産性の向上とワークライフバランスの実現につなげている。このように、AWSは、さまざまな新しい形態の仕事場をどのように組み合わせていくかを決定するものである。

ヴァージンの創立者リチャード・ブランソンは、トップダウンではなく、スタッフに自由に仕事をしてもらうために、ヨットに執務机を置いた(60)。このモバイルオフィスの導入によって、スタッフは主体的に行動せざるを得なくなり、結果的にそれぞれのリーダーシップ・スキルや自信が高まったし、ブランソンは、イノベーションに集中することができた。さらに驚くべきことに、15を超える国で6、000人もの社員を抱えるブランソンの会社は、実質的に本社が存在しない。かつては、テムズ河に浮かぶ船が本社だった[61]。

1990年代に入ると、MITのT・J・ベルナース・リー教授がwww.を開発して以来、ホテリングをはじめとするAWSが普及していった。ITの急速な浸透がAWSを可能にしたのであるが、この背景には、次の事情もあった。すなわち、オフィス家賃の高騰、顧客と過ごす時間の増加、有能な社員の採用と維持、コストの削減などのコスト圧力と生産性の向上が強く求められたからである[62]。主にこの戦略の対象になる人たちは、それまでも社外で過ごす時間の長かった職についていた人たちであり、たとえば、コンサルタント、会計士、営業マンなどであった。しかし、近年では、事業場外労働は特殊なことではなくなり、さまざまなところでAWSが用いられるようになってきた。1990年以降、アメリカ連邦政府の「連邦政府フレキシプレース計画」によって、連邦政府の公務員は、週の一部なら自宅または自分にとって利便性の高いサテライトオフィスで働くことを認められた[63]。サテライトオフィスとは、本社もしくは本拠を中心として郊外や地方に衛星状に設けられたオフィスのことである。

参加に関する理論と同じくらいオフィス環境に大きな影響を及ぼした理論は、ドラッカーの「知識社会」の到来に関する予測と、その後に展開された知識経営論や知識創造理論である。これら一連の理論は、世界観《メンタルモデル》の共有や知識の共有を通して新たなアイデアを創造することを目的としている。したがって、知識時代のホワイトカラーは、知的資源の蓄積とその知識の活用を目指して、コラボレーションを行うオフィスを必要とするようになった。そうしたオフィス形態のさきがけは、フィンランドのヘルシンキに１９８６年に建てられたＤＥＣのビルであった。そのＤＥＣのオフィスは、「知のワークプレース」発祥の地と言われている。[64]

最近では、戦略的な見地からオフィスをデザインする企業が、欧米を中心として増加している。[65]また、ＣＳＲ（企業の社会的責任）の立場からオフィスをとらえようとするところが出現した。ＣＳＲにおけるサステイナビリティとして指摘される「経済性」、「環境性」、「社会性」のトリプル・ボトム・ライン[66]は、すべてオフィスマネジメントと関係がある。

「経済性」の面については、合理的にデザインされたオフィスは、能率や効率を高める可能性と結び付けられる。一般的に、分散されたオフィスよりも統合されたオフィスの方が効率は高い。従業員相互に仕事を分担することができ、休みも取りやすくなり、統率もしやすくなる。また、どこの部署が多忙で、どこの部署が暇なのか明確になるため、組織開発をしやすく、不満の解消にもなる。

「環境性」の面からは、バックミンスター・フラーが提唱し、ジョン・ガルブレイスが経済学に導入した「宇宙船地球号」が今ほど世界中で実感されている時代はなかったからである。オフィスにおける省エネ対策や3R（リデュース、リユース、リサイクル）などの環境効率の追求は、環境保護と関わっている。具体的な環境対策の例としては、グーグル、三菱地所、伊藤忠、京セラなど多くの企業が本社屋上に太陽電池パネルを設置することによって、本社自体が必要とする電力を一部自給している。屋内緑化については、日商岩井本社やTBWA博報堂など、屋上緑化については、ORIX堂島ビルや六本木ヒルズなどがある。工場緑化については経済産業省が緑化優良工場等経済産業大臣表彰を行っており、2015年度は、キヤノン電子株式会社赤城事業所、NSKワーナー株式会社及び霧島酒造株式会社志比田工場が受賞した。積水ハウスのように、都心にいながら里山の原風景を臨むことができ、絶滅危惧種を含む多くの生き物も集う「新・里山」などをオフィスの敷地内に設置する試みも行われている。

雨水については、国土交通省によれば、一度利用した水を自ら再生処理し、雑用水として再利用する個別循環雑用水を利用しているホテルニューオータニや、再開発地区等の一定の地域で、再生水供給を行う事業者等から供給を受ける地区循環雑用水を利用している恵比寿ガーデンプレイス、広域から集められる下水等を処理する下水処理場や、し尿処理場から雑用水の供給を受ける広域循環雑用水利用者としてフジテレビジョン本社ビルなどがある。

そのほか、水道の再利用である中水利用、自然換気、高断熱化、氷蓄熱空調、ごみの分別排出によるリサイクルシステムなど、さまざまな工夫がオフィス関連の環境対策として採用されている。これらの環境配慮型の施設は、グリーン商業施設やグリーン店舗とも呼ばれる。グリーン志向ビルの建設を後押ししているのは、改正省エネ法や東京都の環境確保条例などの環境関連の法整備である(67)。

海外の例として、ニューヨークのマンハッタン島では、建物自体のエネルギー効率が高く、住民のエネルギー消費量はアメリカのどこよりも低いと言われている(68)。

「社会性」には、防音壁や目隠しスクリーンなどによる近隣住民のプライバシーに対する配慮、近隣住民に対するオフィス内庭園の提供、一部オフィスの近隣住民を含めた一般市民への開放、所蔵美術品の一般公開ばかりでなく、雇用者数、退職者数、従業員報酬、女性管理者比率、疾病率、欠勤率のその理由といったような高業績組織の特徴が関係している。日本でもCSRを意識したオフィスづくりが出現している。「サスティナブルオフィス」というコンセプトで設計された竹中工務店東京本店新社屋は、コストを抑えながらも、高品質で高効率なオフィスができていて、経済性、環境性及び社会性の3つに配慮したビルとなっている。

こうした省エネなどの環境重視が注目される中で、環境や社会への配慮がなされているかどうかについて、一般財団法人・建築環境・省エネルギー機構が認証している「CASBEE建築環境総合性能評価システム」や日本政策投資銀行が認証している「DBJ Green Building

認証」の取得が注目されている。たとえば、大阪のあべのハルカスは、ＣＡＳＢＥＥ大阪の最高ランクのＳランクとDBJ Green Buildingの最高認証のプラチナ認証を取得している。

ところで、オフィスデザインの歴史は、これまで大きく分けて3つの要因によって影響を受けてきた。1つは、科学技術の進歩である。高層ビルをはじめとして、エアコン、システム家具、コンピュータ、携帯電話、エスカレーター、高速エレベーター、テレビ会議システム、ガス漏れや火災などに対する防災システム、ＩＣカード認証や生体認証などの入退室システム、監視カメラといったビル内で使用する機材の進歩や地下鉄などの公共交通網の整備などはすべて、ビルの立地、オフィス内での快適さの追求、高業績への貢献ばかりでなく、ワークライフバランスの実現、女性や高齢者の雇用拡大に寄与してきた。近年では、ＩＣＴ（情報通信技術）を活用した、時間と場所にとらわれない柔軟な働き方の総称であるテレワーク（遠距離通信を利用した在宅勤務）に従事する人が増えている[69]。

第二は、産業構造や人口構造の変化、国際化の進展といった社会経済的変化である。産業構造の変化は、ホワイトカラーの数を増大させ、オフィスで働く人の数を左右してきたし、人口構造の変化は、女性や高齢者の就業を促進して在宅勤務などに影響を及ぼした。また国際化は、オフィスのリエゾン化や空洞化をもたらした。

オフィスのデザインに影響を及ぼしてきた第三の要因は、経営理論の進化である。前述のように、最初にオフィスのデザインに影響を及ぼした理論は、テーラーの科学的管理法であ

図表1　ワークプレースに与える組織デザインの影響

ワークプレース ＼ 組織デザイン	新しい仕事の仕方	より反復的	より協調的	より一層の個人の自律	スペース利用の新パターン	より大きな集団スペース	より大きな共有スペース	より断続的なスペース利用
マイケル・ハマー“リエンジニアリング”		●	●			●	●	
ジョージ・ストーク“タイムベース戦略”							●	●
デビッド・ナドラー“新しい組織アーキテクチャー”		●	●			●		
ピーター・センゲ“学習する組織”		●	●	●			●	
チャールズ・ハンディー“不連続変化”				●				●
エドワード・ローラー“高業績への関与”		●	●			●	●	
ハメル&プラハラード“コア・コンピタンス”		●	●			●	●	
ジェラルド・モス“新しい分子組織”			●			●	●	
ショシャーナ・ズボッフ“インフォメーティング”		●	●	●		●	●	

（出所）Francis Duffy and Jack Tanis, “A Vision of the New Workplace,” in Site Selection and Industrial Development, April, 1993.

ったと考えられる。その後のさまざまな理論の登場は、図表1[70]に示されるように、同じくオフィス環境に影響を与えてきた。また、図表1には載っていないが、他の理論の中にもオフィスデザインに変化を与えたものがある。たとえば、1990年代にルースカップリング理論に対応して登場したスパゲッティ組織も、セクショナリズムを取り除くデザインにオフィスを導いたと思われる。

GEの元CEOジャック・ウェルチは、組織階層の多さとセクショナリズムを取り除く方法として、「組織を家屋にたとえてみるのもいいだろう。床が階層、壁が部門間の障壁になる。組織の力を最大限に生かすためには、床や壁を吹き飛ばし、地位や部署にかかわりなくアイデアを自由にやりとりできる開かれた雰囲気の空間をつくらなければならない(71)」という「境界のない《バウンダリーレス》」組織論を提唱した。わが国でも、ＹＫＫのかつての富山本社は、オフィス構造がバウンダリーレスで、社長と社員が対面する形で1つの広い体育館のような部屋で仕事をしていた。

このように、オフィスデザインは、組織理論の実現を制約したり、促進したりするであろう。組織のハード的構造である建築物は、組織のソフト的構造である組織図に示される職位や業務プロセスにどのような影響を及ぼすのであろうか。この点については、これまであまり研究されてこなかったと思われる。しかし、影響がないとは考えられない。ほとんどの企業は、建物などの不動産を戦略資産として位置づけてきたはずである。しかし、それらは、オフィスを戦略遂行のための手段としては扱ってこなかった。最近になり、先見的な企業は、知識創造、サスティナビリティなどの経営戦略とオフィス戦略との間に一貫性をもたせる試みをしている(72)。

5　インターナル・マーケティングとオフィスデザイン

ＩＭは、従業員との対話である。この対話を促進する手段の1つがオフィスの改善である。オフィスの改善のために、デザインをどうすべきかが問題となる。

ここまでみたように、オフィスデザインは、科学技術の進歩、社会経済的変化及び経営理論の進化に伴って変化してきている。問題は、コンティンジェンシー理論の場合と同じように、実験室の中では科学技術や理論の変化に応じてオフィスデザインを変更することは可能であるが、現実には、変更を実現するには大きな困難が伴う点である。すなわち、アルフレッド・チャンドラーの「構造は戦略に従う」の命題のとおり、企業は新技術や理論の変更に伴って戦略を変更し、建物をつくり変えるか、別のビルに移ることが望ましいわけである。バーチャル・コーポレーションのように、従来のオフィス、課、経営部門が必要に応じて形を変えることも珍しくない[73]。しかし、そうしたアーキテクチャーの変更は、組織図に代表される組織構造などのソフトの構造を変えることよりも難しい。とりわけそれが自社ビルの場合は、困難を伴う。なぜなら、そのためのコストは、莫大なものになると予想されるからである。新たにビルを建築し直す場合はもちろんのこと、貸しビルを変更する場合でも、新しいオフィスに必要な機材の買い替え、引越し費用、新たな賃貸契約に関わる費用、その他、取引先や顧客への報告などさまざまな付帯経費がかかる。

したがって、イゴール・アンゾフが予想したように、当面は「戦略は組織構造に従う」というハンディを組織は背負わなくてはならない。[74] すなわち、さまざまな技術進歩があり、組織が新しい理論を採用するにしても、当分の間は、現存のオフィス内で工夫してそれらを使用せざるを得ない。

オフィス規模をどれくらいにしたらよいかについての提案がある。それは「上限100人の法則」と呼ばれるもので、企業の本社管理部門には、100人以上の人間が必要となることはめったにないというものである。[75] ミネベアの本社は、かつてはちょうど100人体制で、荻野五郎元社長は「人間が多すぎると、ほかの部署の仕事を取り組もうとする。その結果、一つの仕事を複数の部署ですることになる。逆に人が少なければ不要な仕事を探し、切り捨てるようになる[76]」と語った。

IT化に伴い、企業によっては、この数字は低下するかもしれない。しかし、多くの企業では、この数字は当てはまっていない。マイクロソフトの本社構内には、82棟の建物があり、延べ床面積は60万平方メートルにもなる。ルーブル美術館の9倍で、ペンタゴンに匹敵する。24のカフェテラスがあり、そのうち7つは、朝、昼、晩の食事を提供する。輸送サービス、図書館、テレビスタジオ、博物館、社員用の商店、サッカー場、美術収集品もある。[77] マイクロソフトのホームページ上では、2015年現在約42,000人が働いている。このようなけた外れの規模は、本社をソフトの工場とみたほうがよいと思われる。

現存のオフィス以外に従業員が働ける場所を確保して活用することが、今日求められている。それがワークプレース戦略である。

ワークプレース戦略がワークプロセスに与える影響には2つの側面がある。1つは、建築物の物理的状況であり、この中には、オフィスの地理的位置、階層数、広さ、壁の数、暖房、換気、エアコン、照明、リフレッシュルームの存在などがある。もう1つは、建物の特性であり、オープン性とか静かさなどである。

ワークプレースは、経営戦略の具体的象徴としてとらえることも可能である。すなわち、フランクリン・ベッカーらが指摘しているように、「どんな組織でも、土地にはじまって建物の規模、外装、内装のアレンジや使い方などの選択の仕方のなかに、その組織の価値観、熱意、あるいは期待に関するメッセージが読み取れる」[78]のである。換言すれば、ワークプレース戦略は、CI(コーポレート・アイデンティティ)戦略の大きな柱になるであろう。たとえば、リーバイスの新本社は、リーバイスのカジュアルな組織文化に合わなかったと言われている。[79]ワークプレース戦略は、経営戦略と結びつけて組織業績を改善するツールとして用いることが今後一層望まれる。

ビジョンやミッションを果たすための手段である戦略は、環境変化に伴い変更を迫られる。ワークプレース戦略も同様に、環境が変化すれば見直しを求められる。戦略変更と認められるのは、その変更状態がドラスティックな場合である。そうでなくともワークプレースは、恒常的に変更を行う必要性に直面している。オフィス家具が古くなって新しいものに取り替えたり、コンピュータやコピー機などの新しい設備や備品を購入したり、新入社員が入社してその人たちのスペースを確保しなければならなくなったりすれば、そのつどオフィスは模様替えが必要になる。その際、オフィスデザインの機能にも注目しなければならない。

オフィスデザインの機能には、①道具的機能（従業員の業績と満足を改善する機能）、②シンボリック機能（組織の文化とアイデンティティ及び労働者のアイデンティティとイメージに影響を及ぼす機能）、③美的機能（デザインや装飾に対する認知的及び情緒的反応を含めて、労働者の知覚に影響を及ぼす機能）がある[80]。こうした機能のすべてを向上させることが望ましいのであるが、多くの組織が固定オフィスを中心としてワークプレースを変更する主たる動機は、コストの削減と業績や能率の向上である。

コストを削減する方法には、いくつかある。1つは、地理的に地代や固定資産税などに関するコストの高い場所から安い場所に移ることである。たとえば、田舎に引っ越すとか、スペースを小さくするとかである。オフィスの効果的活用を通して、コストの削減と能率の向上を同時に達成しようとする試みも多く行われている。前述のオルターナティブ・ワークプレース戦略がその試みの1つである。今日すべての職員がオフィスに常駐しているような組織はまれである。これは、労働時間の法制度が整備されたことが影響を及ぼしている。それにより、労働時間の柔軟化が生じた。極端な例は、テレワーカーと呼ばれる就業形態で、ICTを活用して自宅などで在宅勤務を行っている人がいる。

そのほか、1カ月以内の清算期間の総労働時間を決め、その期間内で1日の始業と終業の時間を従業員の決定に任せる「フレックスタイム制」がある。通常は、社員全員が社内で就業しているコアタイムと呼ばれる時間と、その前後の従業員が自由に決められるフレックスタイムから時間構成される。また、セールスマンなどのように事業場外で労働時間の全部あるいは一部を費やしている場合などでは、正確な労働時間を算定することは困難なので、所定労働時間働いたものと認める「みなし労働制」、労働時間の自主管理が認められる「裁量労働制」、業務に繁閑の差がある場合に法定労働時間枠を超えて労働させることができる「変形労働時間制」がある。

このように、家で仕事をしている人もいれば、営業に出ている人もおり、ある人は打ち合わせや社外の会議に出席しているかもしれない。こうした理由から、オフィス内で常時必要とするスペースは、全組織員が出社しているときに必要になるスペースとは異なる。したがって、常に必要なスペースだけを確保すれば、コストは削減される。また、すべての組織は、個室（セルラーオフィス）ではなく、さまざまなワークプレースを効果的に組み合わせることによって、コストを削減すると同時に生産性の向上をもたらすことが可能である。その第一例は、トヨタや日産などが導入している在宅勤務で、その勤務状態は、自宅でICTを利用できる環境において仕事を行っている在宅型テレワーカーである。第二に、組織や職務編成の変化に合わせて再配置を行うチャーン、第三に、前述のモバイルオフィス、第四に、NTTデータや日本IBMなどが利用している社員の固定席を設定しないフリーアドレス制、第五に、CBREなどが採用している仕事の活動内容によってワークプレースを柔軟に変えるアクティビティベース型ワークプレース、第六に、1つのデスクを何人かで使用するホットデスキング、第七に、NECネッツエスアイなどでみられる出張社員が自分の専用デスクとして使用できるようにLANを活用したタッチダウンオフィス、第八に、一人当たりに必要なオフィス面積を約半分にできると言われているホテリングシステム（アクセンチュア社での取り組みは、一人当たりのオフィス面積を5・6m^2から2・7m^2に減らした）[81]などがある。

組織がワークプレースを変更する、もう1つの大きな動機は、能率の向上である。この問題は、オフィスが誕生して以来追求されてきたものであり、今後も永久的に懸案となるであろう。能率に影響を及ぼすと考えられるものとして、オフィスの形、階層数、広さ、空調、採光、プライバシーの確保、椅子や机などのオフィス家具の素材、大きさ及び使いやすさ、室内の色や広さ、車庫までの近さ、交通の利便性、エレベーターの速さ、接客スペースの取りやすさ、パーテーションの有無などの物理的環境ばかりでなく、オープン性や静粛さなど多くのものがあげられる。さらに、休憩室、床屋、社内食堂などの整備もオフィス内で用を足せるという意味では、能率に影響を及ぼすかもしれない。

NHKの実験では、工場で検査を担当する若い女性2人にヘッドホンで自然音を聞かせて作業させたら、2人とも能率が大幅にアップした。そして、職場内の雑音が集中力を落としていることが示された。[82]

ここで問題になるのは、オフィスデザインの道具的機能として指摘されているように、業績や能率の向上は、IMで重視される従業員満足とも関係していることである。これは、オフィスについての従業員満足によって、業績や能率が左右されるケースが存在するからである。従業員満足と不満足との関係は、フレデリック・ハーズバーグの動機付け・衛生理論以来研究されてきた。[83] 研究結果のほとんどは、「従業員満足と生産性、業績及び顧客満足の間には関連がある」ことを指摘している。すなわち、従業員の満足は、特定の顧客誘引を高め、生産性や収益性を高めることを示している。しかし、従業員の満足は、組織の有効性や財務面には影響を及ぼさないという証拠もまた同時に存在する。[84]

オフィスについての従業員満足に関しては、オフィスの肉体的、機能的及び精神的快適さが、どのように個人、集団及び組織全体の満足度に影響を及ぼすのか、その結果、個人、仕事集団及び会社または組織の生産性にどのように影響を及ぼし、その生産性の度合いがどの程度、収益に影響したかを明らかにする必要がある。[85]

これに関しては、まだ明確な答えが出ているわけではない。ケビン・カンプスシュローワーたちの研究によれば、ビルディングが従業員の協働や文化などの行動に影響を及ぼすことはわかったものの、物理的環境としてのビルディングと従業員の仕事プロセス、知覚、態度としての行動及び組織業績としてのビジネス間の関係は、どちらとも言えず、明確ではなかった[86]。

また、ロバート・マランスらの研究によれば、従業員の環境上の満足は、直接のワークステーションの成功と関係があった[87]。ジャン・ワインマンは、職務満足と関連する仕事環境は、職務業績と関連する仕事環境とは異なることを指摘している[88]。

これまで行われてきた実証研究結果が示しているように、従業員のオフィスやワークプレースの環境に対する満足は、必ずしも職務満足をもたらさない。しかし、明らかかと思えることは、オフィス環境がそこに働く人々にとって望ましくないと認知される場合は、職務満足に多少なりとも悪影響を及ぼし、その結果、組織の生産性にも弊害をもたらす可能性を有していることである。たとえば、体に合わない椅子や机、目によくない照明、暑すぎたり寒すぎたりする室内温度、高すぎる湿度などは、すべて肩こりや腰痛などの疲労や体調不良、場合によっては疾病に導くであろう。また、オフィスが、シック・ハウス・シンドロームのビルディング版であるシック・ビルディング・シンドローム、省エネを目的としたビル内の換気低下に伴う頭痛、めまい、吐き気をもたらす高気密化ビルシンドロームやビル関連疾患と呼ばれる過敏性肺炎や結核などの疾患を発症させる建物である場合も考えられる。

アメリカ環境保護局は、ビル関連の疾患によって年600億ドルの国家的な生産性損失があると見積もっている。[89] わが国においても「建築物における衛生環境の確保に関する法律」は、オフィス環境に関する規制をしている。しかし、厚生労働省はそれに関する定期的な報告書を出していない。このように、日本にはオフィス環境に関するデータはほとんど見当らないが、アメリカのようなビル関連の疾病による生産性の損失はあると考えられる。

このように、オフィスは、企業経営に少なからず影響を及ぼしていて、中でもオフィスマネジメントは、ＩＭが対象とする標的従業員から構成されるべき高業績組織と関連が深い。第24～28回日経ニューオフィス賞応募企業調査によれば、空間に対する高満足オフィスでは、79・7％で高知識創造行動が行われているが、不満足の場合は、その割合が22・2％と低くなっている。[90] 以下、さらにＩＭとオフィスとの関係についてみていきたい。

第一に、オフィスは、新入社員の候補者にとって魅力的なものでなければならない。すなわち、魅力的なオフィスは、高業績組織を構築するための優秀な人材をひきつけ、定着させる手段ともなりうる。通勤が便利であるとか、快適なオフィスは、ステータスシンボルともなり、従業員にとって望ましいものであろう。実証研究は、全体的な建物の品質と仕事場の広さは、職場の満足評価と強く関係することを示している。[91] また、みために優れたデザイン性と親しみやすさをもち、利用しやすいオフィスは、従業員ばかりでなく、顧客、株主、地域住民などの利害関係者に企業や組織の「センスのよさ」についてのイメージや組織文化、あるいはシンボリックメッセージを伝えるばかりでなく、快適性や利便性をもたらす。したがって、オフィスの在り方は、ＩＭばかりでなく、エクスターナル・マーケティングやインタラクティブ・マーケティングにも影響を及ぼす。この快適性は、ＱＷＬ（仕事生活の質）と関係がある。ＱＷＬは、従業員により多くの賃金と励みになる職場を提供するという意味をもっており、[92]職場環境は、生活の質と関わっていて、仕事の質も左右する。

オフィスは、シグナルでもある。アルビン・ロスは、「１９９４年の自由化により銀行が州を越えて多くの支店を開設できるようになる前は、銀行は広々とした大理石のロビーから鉄格子越えに巨大な金庫が見えるような、堂々たる本館を構えていた。なぜそんな構造にしたのだろう？　銀行はお金を預かるのが仕事だから、安全にお金を置いておける信頼できる場所だというシグナルを送るために、潤沢な資金をもっていて、これからもずっと同じ場所に居続けることをアピールしていたのだ[93]」として、建物が安全性を宣伝するシグナルであることを例示している。

このように、魅力的な建物でシグナルを送る例は少なくない。ミキハウスは黒川紀章に本社設計を依頼し、１００億円も費やしたので銀行に怒られた。木村皓一社長は「プレハブでは会社がチープに見えるし、「世界のミキハウス」を目指していた」からと説明している。[94]また、ディズニーでも、パークの設計にあたり磯崎新などの「人気建築家」にこだわった理由として、「言うまでもなく、著名な建築家を起用すればメディアで話題になるから」としている。[95]

もちろん、建物のみかけばかりでなく、中身も大切である。ミネベアが大幅な赤字を出した時、荻野五郎社長は新しくつくった本部の「事務所が立派なだけに一層、格好悪く感じます」と、中身の重要性を強調した。(96)

第二に、オフィス内の物理的快適さは、高業績の維持のために、従業員を主たる対象として提供されなければならない。快適性を追求したオフィスは、近年増加していて、それはオフィスを借りてもらおうと顧客獲得努力をしている賃貸会社に限定されたことではなくなっている。たとえば、「爽やかなオフィス空間」を目指したアートコーポレーション株式会社本社ビルでは、指定場所を除き禁煙で、香り空調システム、BGMを導入している。また、第一製薬株式会社本社ビルでは、音、照明、温湿度、分煙、業務の動線、支援機能の集約化などに配慮がなされていて「人間中心のオフィス環境づくり」を追求したオフィスとなっている。室内の空気をきれいにするサンセベリアなどのエコプラントを活用することも行われている。

屋内を全面禁煙としている国は、アメリカやイギリスなど49カ国で、増加傾向にある。この中に日本は入っていないが、厚生労働省は「事業者が講ずべき快適な職場環境の形成のための措置に関する指針」を策定し、喫煙対策も含め快適職場推進計画の認定を行っている。また、健康増進法第25条は、他人のたばこの煙を吸い込む「受動喫煙」被害防止を求めている。さらに、厚生労働省は、東京オリンピックまでに屋内全面禁煙を目指している。それらを受けて、レストランや共用スペースを禁煙にする動きが相次いでいる。パナソニックは「禁煙デー・禁煙ラリー」という禁煙活動を推進しており、医療費の負担減や欠勤などによる生産性低下の抑制になると期待される。

近年では、快適さを追求する上で役立つシステムとして、局所制御空調が利用されつつある。ビルでは、全体最適と個別最適のバランスが重要であるが、デパートなどとは異なり、オフィスでは個別最適を求めたほうがよいと思われる。特に、快適さを感じる基準は、それぞれ人によって異なる。たとえば、この世の中には、暑がりの人もいれば、寒がりの人もいる。それぞれの人の好みにあった温度や風量を提供し、個別最適を追求することによって、建物全体のコスト効率は、最低限同じか、多くの場合、省エネにつながることが予測できる。室温についての選好は、年齢や性別、直接エアコン等の風に当たる場所にいるかどうか、日照も同様にあるかどうかなど、さまざまな条件の組み合わせによって異なるであろう。高すぎる室温は、いらいら、頭痛、集中力の欠如などをもたらすという研究結果もある。(97)

また、部分照明も有用である。窓は、採光と空調にとって重要なものであるが、空調に関しては、近代的建築物では嵌め殺しのサッシを採用しており、窓を開放できない場合が多くなっている。したがって、今日の窓の機能は、採光中心になっている。ある調査結果では、窓は、採光についての満足とポジティブに関連したが、空調については、ネガティブに関連することが見出された。(98)

イギリスの自然資源保護協議会によれば、電子決済ソリューションを行うベリフォンでは、採光と温度調整改善のための天窓に蛍光灯を設置するとともに断熱材を取り入れることによって、エネルギー消費量を59％減らし、従業員のアブセンティズム（長期欠勤）を47％減少させ、生産性を5％から7％にまで高めたことが報告されている。[99]

そして、窓がオフィスにあり、戸外が視界に入ることは、従業員満足ばかりでなく、生産性にも影響を及ぼすことが知られている。アメリカでは、自然光と外がみえる窓がオフィス労働者にとって望ましいという調査結果を反映して、1920年代と30年代に高層で狭い構造のビルが建築された。[100] ニューヨークがそのよい例である。

このように、働く人々の目の健康のためや、気分転換にとって必要と考えられる外の景色がみえる窓を設置することは望ましいことである。また、課業の遂行にとって適切な光のレベルを確保するために自然光とLEDや蛍光灯などの人工光の組み合わせにさらなる注意が払われるべきである。わが国やオーストラリアなどでは、白熱電球に換えてLEDや蛍光灯を利用する規制を段階的に行い、温室効果ガスの削減を目指しているが、そうした環境を考える面からも光の組み合わせを考慮すべきであろう。

同じく、外気の取り入れとエアコンの組み合わせは、省エネにも結びつくとともに、そこで働く人々がホルムアルデヒドなどの有害物質を可能な限り摂取しないようにする健康保持のためにも必要であると考えられる。そのほか、排水や廃棄物の処理を含めて職場の清掃と整理整頓は、快適な仕事場をもたらし、よい製品を生み出すことにもつながるであろう。[101]それらの仕事環境の配慮は、まさにＩＭを実践するＨＲＭの責務である。

建物の物理的障がいの除去という意味でのバリアフリーは、当然あらゆる場で欠かすことができない。車いす移動支援、色弱などの視覚障がい対策、聴覚障がい対策などの配慮は、顧客やオフィスへの訪問者にとってはもちろんのこと、従業員にとっても必要である。「障害者の雇用の促進等に関する法律」は、民間部門だけではなく、公的部門にも、法定雇用率を定めているので、そうした人々が快適かつ効率よく働けるように配慮しなければならない。また、高齢化社会への対応と母性保護のためにもバリアフリーは欠かせないものとなっている。

バリアフリーとオープンなオフィス空間をさらに生産的な場にする試みが望まれる。たとえば、音響効果である。ジョエル・ベッカーマンらは、オフィスにおける音のマネジメントについて次のように提案している。[102]

「近年、間仕切りのないスペースが一般的になり、個人もオフィスのドアを閉めることができなくなり、プライバシーを確保するのが難しくなっている。そこでニードステート（欲求状態）、雰囲気、気分によって選べる休憩室を設け、そこにふさわしい音楽を流してみてはどうだろう。気持ちを切り替えたい社員が気軽に立ち寄れるスペース。何も心を落ち着かせるだけが目的ではない。大事な会議に臨む前やジムに行く前に気合を入れたい人や、帰宅前に1日の疲れをとりたい人などが利用できるスペースだ。

あるいはオフィスで仮想静寂空間を設けてみるのも面白い。スマートオフィス（ITを活用した省力化オフィス）で間仕切りのないオフィスを持つ企業―たとえば、金融・経済情報を投資家向けに提供するシカゴのモーニングスターの本社―は、パーテーションで小さく区切った場所に天井から白色雑音（ミキサーや洗濯機と同じ程度の音量）を流す。これがいわば仮想円錐静寂空間だ。おかげで隣にいる社員が電話をしたり、誰かと対面で話をしていても音が全然気にならないので、仕事に集中できる」。

白色雑音のような適度な雑音は、想像力や生産性を高めることがわかっている。そのため、USENは、オフィスに最適なBGMを「集中力向上」、「リフレッシュ」、「リラックス」、「気づき」という4つの機能別にチャンネルをカテゴライズして提供している。このように、サウンド・マーケティングは、顧客ばかりでなく、社員を対象としても活用すべきである。

第三に、オフィスは、福利厚生と関係がある。オフィス設備として、資生堂やブリジストンなどが設置している託児室、保健室、アフター・ファイブに利用できる東レなどの社員クラブの設置、リフレッシュと運動不足の解消等に使用する体育設備、食堂、ゆったりとした女性専用トイレ、カフェ、パソナなどが設置しているグループ社員・スタッフ専用のエステサロン、メディテーションルームなどのリラクゼーションエリア、駐輪や駐車スペースの確保などがある。こうした設備の充実は、仕事に専念できる環境をもたらす。

グーグルプレックスを訪れる人は、従業員のための福利厚生の充実ぶりに目をみはる。バレーボールコート、ボーリング場、クライミングウォールに滑り台、パーソナルトレーナーの常駐するジム、本格的なプール、建物の間を移動するためのカラフルな自転車、無料でおいしい食事がとれるカフェテリア、ありとあらゆる種類のスナックや飲み物、最高級のエスプレッソマシンを備えたキッチンがそこら中にある。(103)

また、缶詰工場だった場所に建てられたピクサーの6万平方メートルのキャンパス（ダイソンなどもオフィスをキャンパスと呼んでいる）は、サンフランシスコからベイブリッジを渡ったところにあり、隅から隅までスティーブ・ジョブズによってデザインされた。名前もザ・スティーブ・ジョブズ・ビルディングとつけられている。社員同士が自然に顔を合わせ、会話しやすいように、人の動線が考え抜かれている。建物の外には、サッカー場、バレーボールコート、プール、そして600人を収容する円形劇場がある。この建物を訪れる人の中には、無意味に凝っているだけだと勘違いする人もいる。そういう人は、この建物全体が「ぜいたく」ではなく、「共同体」という思想で統一されていることに気づいていない。スティーブは、建物でも社員のコラボレーション能力を高め、仕事を支援したかったのである。(104)

第四に、マーケティングは、人々とのつながりを重視するので、オフィスは地域に溶け込むものが望ましい。スターバックスでは、「わたしたちは地域とのつながりを重視します。それぞれの店舗を利用するお客様にとって快適なデザインにしたいのです。ですからデザイナーは店の建物、地域、顧客基盤、競争相手を理解する必要があります。デザイナーは建物の歴史あるいは興味深い特徴に注目して、それを排除するのではなく活かせないかと考えるのです。スターバックスのバリスタがお客様に合わせてドリンクをカスタマイズするように、わたしたちはお客様にとってしっくりくる第三の場所《サードプレイス》を提供するために地域に合わせ、市場に合わせてカスタマイズします」としている。(105)

また、パタゴニアの創業者イヴォン・シュイナードは、建築の理念を次のように述べて、地域の古い建物の保存に貢献している。(106)

① どうしても必要でない限り、新しい建物は建てない。最も責任を果たせる行為は、中古の建物、建材、備品を買うことだ。

② 古い建物、歴史的な意義をもつ建物が取り壊されそうになっていたら、それを救う努力をする。構造に変更を加えるときは、いかなる場合でも、建物の歴史的な品格を損なわないようにする。前の入居者が行った見当違いの「改善」を正し、うわべだけの現代的な外観をはぎ取り、できればその建物が「近隣への贈り物」となるように心がける。

③ 古い建物の修復でまかなえないときは、質の高い建物を建てる。その建物の美的な寿命と、物理的な寿命とは同じ長さにならなくてはいけない。

④ 鉄製の梁や金具、再加工木材、藁のブロック（ストローベイル）など、再生された、

あるいは再生可能な建材を使う。什器も圧縮したひまわりの種の外皮や農産廃棄物などの廃棄材を使う。

⑤ 建造したものはすべて、修繕可能で維持管理が楽にできなくてはならない。

⑥ たとえ初期費用が高くついても、できる限り耐用年数の長い建物を建てる。

⑦ どの店舗にも個性をもたせる。その地域の英雄的人物、スポーツ、歴史、自然景観を反映し、尊重すること。

こうした信条は、ジェイン・ジェイコブズが提案し、アメリカ各都市の政策の基礎となった歴史保存やリノベーション（工場などの古い建物をコンドミニアムやオフィス空間に変えること）(107)と同じ考えに基づくものである。

第五に、オフィスは、高業績組織をもたらす人材育成の場でもあるから、それに適した空間を用意しなければならない。近年の傾向としては、オフィス内に組織学習の場を設けるケースが増えている。単独の専門家では解けない問題に異分野の専門家や専門知識が、ある種の競争と協調原理のなかで、新たな合意形成や方法論を創出することを意味する「共創」(108)や、富士ゼロックス熊本やミクシーで設置されている、組織または地理的な境界や文化の壁を越えて知識を共有し、会話や人間関係を促進する「ナレッジ・イネーブリング」(109)をもたらすためのコラボレーションスペース、出会いや交流を生み出すコモンスペース、そして富士ゼロックス東京事務所のように、誰もが集まって話ができるオープンコミュニケーションスペースなどが設置されている。また、情報の集積とメンタルモデルを共有するためのパソコン、ビデオ会議システム、高速LAN、構内PHS等のオフィス内OA環境整備も組織学習の促進に欠かせない。こうした設備は同時に、E・ラーニングにも活用できる。

ヴァージンのブランソンは「ぼくは長年、間仕切りをほとんど設けないオープンプラン型のオフィス、それもブレーンストーミング用の談話室やラウンジ、娯楽室、ビリヤード台、従業員が自然と集まって談笑するようなキッチンスペースなどを備えたものが最高だと思ってきた。オフィスの壁、ドア、机やカウンターなどはコミュニケーションの障害でしかない[110]」と述べている。

もちろん、高業績を達成するために必要な機材などの設備の方を優先しなければならないことは当然である。たとえば、豊田喜一郎氏は、「私は建物はバラックでも良いから幾ら金がかかっても良い完全な製作の出来る一通りの機械を買い入れる事に努力しました[111]」と述べているように、設備が優先される。

残念ながら、わが国の労働生産性は、世界的にみても低い。日本生産性本部によると、2016年ではOECD加盟35カ国中20位となっている。この生産性を上げるためには、生産部門だけではなく、オフィスの充実を図る必要があると考えられる。

第六は、オフィスの形状がパワー（権力）の象徴になっているかどうかである。グーグルのようにオフィススペースの広さで〝偉さ〟を図るような職場ではない[112]ところもあるが、アメリカでは管理者層の人の地位が上がるほど、オフィスが広くなる。最上階の角部屋が望ましい(113)。このように、文化的な違いはあるものの、オフィスの位置とパワー上の地位とは関係がある場合が多い。すなわち、異なる物理的スペースの規模、ロケーション及び配置、ならびに、家具の高級さなどは、パワーに影響を及ぼす(114)。パワーは、組織に属する人々を整列させる「のり」のようなもので、組織が組織でなくなり、集団に変化して、カオス状態になることを防いでいる「力」である。しかし、パワーの使いすぎや誤った使用は、パワーの行使者に対するカウンターパワーの行使、アイデアの埋没、自立性の抑制、生産性の低下などのデメリットを組織にもたらす危険性を孕んでいる。そうしたパワー研究の結果生み出された理論が、経営参加やエンパワーメント理論である。

オフィスのパワーのシンボルとしては、経営幹部専用の駐車場、食堂、トイレ、エレベーターなどがある。パワーが集中する場所は、中央施設、最も活動的で注目を浴びている領域、トップの人がいるところの近く、パワーが強いとされるコーナー、よい景色がみえる窓の近く、重要な人物の近く、ビルの高層階などのロケーションに自分のワーキングプレースをもつことなどがそれにあてはまる。その他、装飾品、設備や事務用品などの豪華さも権力の象徴と関係がある。具体的には、木製の家具、個室の広さ、カーペットや備品の質などがある。

ペプシコには、芝生の上に見事につくられた経営幹部専用の噴水があり、オフィスにあるボタン一つで水を出したり止めたりできる[115]。窓と外の景色は地位の高いものに与えられた特権であるとして、窓取りゲームが行われる場合もある[116]。

最初にオフィスからパワーを分散しようと試みたのは、1920年代に初代IBMの社長に就任したトーマス・ワトソンであろう。ワトソンは、従業員たちの苦情を聞くためにオープン・ドアー政策を採った。この政策は、いつでも社長室のドアを開いておいて、誰でも社長と話ができるというものであった[117]。「現在でもこのプログラムは継続されているか」というメールによる質問に対する日本IBMの回答によれば、「オープン・ドアーの制度は、世界各国IBM共通の制度として存続しています」ということであった。これは、元CIOであったアーカスが述べていたように、IBMがコミュニケーション・チャンネルの1つとしてこれを用いていることを示すものである。

高業績組織の特徴は、フラットで、フレキシブルで、非階層的である。そのため、今日、エンパワーメントをはじめとする「地位からの開放」を代表する施策は、オフィスにおける社長室の廃止である。フィンランドのSOLには、社長室はなく、1階のコーヒーコーナーにあるキッチンテーブルの窓際の席が社長のお気に入りの場所になっている[118]。また、IBMビジネスコンサルティングサービスでも、社長を含めたトップエグゼクティブたちは、一切自分だけの部屋をもっていない。日立ハイテクノロジーズ那珂事務所では、役員は、他の従業員同様に決まった席がないフリーアドレス制が適用されている。HPは、何十年ものあいだ、オフィスについて平等なアプローチをとってきたし、個室をもつ者はほとんどいない。[119]

社長室を所有していたとしても、ほかの従業員と変わらないスペースというケースもある。たとえば、アマゾンのベゾスの個室は、かつて靴箱のように窮屈で、アシスタントの部屋と広さがあまり変わらず、デスクは新設企業の大半と同様、10センチ角の木材の足をつけた仕上げのしていないドア材であった。[120]

伝統的にわが国においては、ほんの一部のトップ・マネジメントを除けば、個室が与えられている管理者は少なかった。場合によっては、トップ・マネジメントでさえ個室をもたないところもあった。なぜなら、多くの組織は、これまで大部屋主義を採用してきたからである。この大部屋主義は、日本の伝統的なオフィス形態である。この原因は、①近代的オフィスが誕生したのは明治時代であると仮定するなら、明治時代から続いてきたシステムである、②個室をつくる必要がないので、コストが少なくてすむ、③集団全体の利益を重視するために、根回しなどを中心とした集団主義で経営を行ってきた、④ヨーロッパとは異なり、特に第二次大戦以降、階級社会が崩壊して平等主義が主流を占めてきた等の理由からであったと考えられる。こうして、わが国においては、100年以上の間、大部屋主義を維持してきたし、島型対向式と呼ばれる机配置もほとんど変わらなかった。そして、皮肉にもこのオフィス形態は、リエンジニアリングなど新しい参加型経営理論の方向性と一致するようになったため、望ましい形態として受け取られてきた。したがって、近い将来に、わが国におけるオフィスの形態は変化するかもしれないが、この方式が即座に消滅するかどうかは明らかではない。

この形態に適しているのは前述の「ユニバーサルプラン」と呼ばれるもので、職務や職位に関係なくデスクなどすべてのオフィスデザインを同一にし、組織変更があっても、すぐ変更可能になる。

わが国における地位としてのオフィスは、欧米などとはやや異なり、大部屋主義を採ってきたために、どのような個室をどこにもらうかということよりも、大部屋の中のどの位置にどのような大きさの自分の机と椅子があるかで評価されることが多い。この配置を間違えると、コンフリクトが生ずる可能性があるので、慎重に配慮しなければならない。

第七は、オフィスと労働時間である。高業績を追求するためには、通勤時間と効率的な時間管理は欠かせない。従業員というお客にとって、時間はプライスと同じである。

通勤時間に関しては、オフィスは、経費の許す限り交通至便なところに構えるのが望ましいであろう。そうすることによって、通勤時間と通勤による疲労を軽減できるばかりでなく、場合によっては、通勤費用を削減することも可能になる。しかし、もしそのオフィスに顧客対応の機能が付与されていないのであれば、必ずしも都心の一等地に不動産を構える必要はないかもしれない。たとえば、地方では、公共交通を利用した通勤が便利であるとか、バス通勤を含めて車通勤を認めている場合には、渋滞がないとか、従業員が多く住む住宅地に隣接しているなどの条件を満たせばよい。事業運営に必要な都市としてのインフラが整備されていると同時に、質の高い多くの働く意欲をもつ人々が居住する地域にオフィスを移転することも、1つのオフィス戦略である。

効率的時間管理については、前述のオルターナティブオフィスを用いることも有効であろう。NECや富士ゼロックスのように、従業員が多く住む郊外にいくつか衛星状に小さなオフィスを構えたり、顧客近接型のサテライトオフィスを設けている会社もある。また、一時的利用スペースを契約して活用するホテリングシステムも利用されるようになった。このホテリングシステムを効果的に利用すれば、ホームオフィスのスペースを減らしてオフィスコストを最適化することが可能になる。また、業務遂行後にオフィスに戻る必要性を軽減することは、より効果的な人的資源の活用につながる。

その他の効率的時間管理に役立つ施策としては、前述のスポットオフィス、モバイルオフィス、場所や時間に制約されないバーチャルオフィスなども労働時間の有効活用に役立つ。こうした効率的時間管理は、組織内のコミュニケーションや知識創造とは相反する性格を帯びるので、その点も考慮の上で計画され、実行されなくてはならない。その対策の1つとして、NECなどでは、従業員に創造的仕事に取り組んでもらうためのリゾートオフィスなども用意している。

第八は、安全衛生の面である。この分野については、主として4つのことが問題になる。

1つは、前述のシックビルディング対策の問題である。オフィスで働く人々の健康を守ることができなければ、組織は高業績を達成できない。

次に、オフィスビルは、そこで働く人々の安全を守るという機能をもたなければならない。わが国においては、特に地震に強い建物であることが重視される。津波についても配慮が必要である。そのほか、火災や緊急時に対応しやすい防災システムの完備も必須である。

3つ目に、企業秘密の保持、盗難や変質者などの侵入を未然に阻止して社内の安全性と防犯性を高めることも大切である。そのためには、イントラネット・セキュリティ、受付の機能向上、生体認証システム、鍵、ICカードによるセキュリティシステムなども注意深くデザインされなくてはならない。会社ひいては組織成員の安全を守るためにも、互いに情報漏えいがないようにしなければならない。

サムスンでは、事務所の敷地内の入り口ゲートに入るときは、社員証をカードリーダーで読み取るが、その瞬間、スマートフォンのカメラ機能、内部メモリ使用機能、ブルートゥース機能がすべて遮断される。手荷物はX線検査、人は検査ゲートを通過し、社員証スキャナーで入室することになるが、社内では、1日中モニター監視される。[121] 社内への不正侵入者を防いでくれるが、ここまでするると、ありがたくないと思う人もいるかもしれない。

4つ目に、エルゴノミクス（人間工学）の観点からも安全衛生は検討されなければならない。エルゴノミクスは、テーラーが起源とされ、その後ギルブレイス夫妻によって展開されたもので、人間の作業能力である生理的機能とオフィスなどの物理的仕事環境とを適合させる研究である[122]。その目標は、働く人々の物理的な仕事環境を構造化することによって、仕事に関する精神的及び肉体的なストレスや緊張を極小化することである。すなわち、働く人々の生産性を高めるばかりでなく、事故率を低下させ、コストを減少させることなどをエルゴノミクスは目指している。そのために、実験心理学、生理学、物理学などさまざまな分野の研究者たちが協力してこの研究を行っている。

国際エルゴノミクス協会では、エルゴノミクスを、肉体的ストレスを対象とする肉体的エルゴノミクス、メンタル・プロセスを対象とする認知的エルゴノミクス、社会技術的システムの最適化を目的とする組織的エルゴノミクスの三つに大きくその領域を分けている。

オフィスデザインは、こうしたエルゴノミクスの面からも検討されなくてはならない。たとえば、机、椅子、空調、照明、パソコンなどの形状や状態が悪い場合は、姿勢、眼精疲労、冷え性などに影響を及ぼして生産性の低下や罹病の可能性に結びつく。アメリカ労働安全衛生局（ＯＳＨＡ）は、コンピューターワークステーションなどにおける職場の筋骨格疾患からの障害や疾病を減じる戦略を打ち出している[123]。

コックピットワークステーションは、体に無理のない状態を保つためのエルゴノミックデザインを採用したものであったし、窓から差し込む自然光や風、騒音など、さまざまな要因もまたエルゴノミクスの対象であると考えられる。わが国では、オフィス作業に関してはＪＩＳ

規格で、ISO（国際標準化機構）11075（精神的作業付加に関する原則）やISO9271-1（視覚表示装置を用いるオフィス作業）などの国際規格と同じものと日本独自にそれらを縮小や簡素化したものを採用している。

社員の安全衛生を考える場合には、精神面を良好に保つことなど他の要因も考慮しつつ、ベストな状態で仕事をしてもらう環境を整える必要がある。コンピュータが出現したのは、1946年のエニアックからと言われている。それ以来、この新しいコンピュータ・テクノロジーに健全な形で対処できない人が増加した。クレイグ・ブロードは、こうした適応症候群を「テクノストレス」と呼んだ。ブロードによれば、テクノストレスを醸成するような条件を除去するためには、単なるコーヒー・ブレークや一時的に端末機の前を離れる休息以上の改革を、経営者は工夫する必要がある。すなわち、同僚と顔をつき合わせてすわって仕事について話し合うこと、他の作業班のあいだを自由に歩きまわって同僚がしている仕事の感じをつかむこと、そして、コンピュータ中心のプロジェクトの感触をあらためてつかむために現実の経験的な作業モデルに取り組んでみること、といったような機会を与えるべきであるとされる。(124)

グーグルなどの先進的なオフィスは、このような条件を満たしていると思われる。テクノストレスを含めオフィスの改善に本人の参加があると、よりよい仕事環境が整うと期待できる。人々の照明や空調に関する選好をすべて聞き入れることは不可能だとしても、可能な限り希望を取り入れて、環境を整えることは、組織の高業績化につながるばかりでなく、組織構成員に「この職場は、よい組織風土である」という認知をもたらして、職場満足度を高めると予想される。実証研究も、自分たちの直接の環境を大幅にコントロールできる人は、それができない人たちよりも満足していることを証明している[125]。

社員と同時に、顧客のストレス軽減も考慮することが大切である。メイヨー・クリニックでは「この建物を使用する人々のストレスを和らげる」という施設設計哲学を中心として、①心の避難所を提供する、②自然を取り入れる、③騒音を減らす、④明るい気晴らしを提供する、⑤思いやりと尊敬の気持ちを伝える、⑥能力を象徴する、⑦混雑間を最小限にする、⑧行き先をわかりやすくする、⑨家族にも配慮する、⑩従業員はにこやかに対応する、⑪診察の統合を高める、を掲げている[126]。たとえば、施設チームは、壁や床に使う石材用の大理石ブロックを精査するために石切り場まで出向く。自然の石の模様に、患者を不安にするような人間の姿や病気のイメージが現れていないことを確認するためである[127]。

第九に、オフィスは、労使関係にも影響を及ぼす可能性がある。労使関係とは、雇用から発生する労働者と使用者との一切の関係のことで、最近では、労働組合が関係する集団的労使関係と労働者個人が関係する個別的労使関係に分類される。わが国の高度成長を促進してきたのは、良好な労使関係のおかげであると言われている。良好な労使関係には、まさにＩＭが必要で、コミュニケーションが欠かせない。これを分断化することは、企業の存続に悪影響を及ぼす。

１９９４年に、ソニーが最初にカンパニー制を採用してから、その制度は普及し、企業組織の再編をもたらした。カンパニー制や持株会社ならびに分社化は、労使関係の分断化につながる。また、バーチャルオフィスなどのオルターナティブオフィスの採用は、組合活動を必然的にバーチャル化する。なぜなら、それは、バーチャル空間以外に組合員たちが集合できる場所を消滅させる可能性が高いからである。また、オルターナティブオフィスの多用化は、個人の自己完結型労働をもたらすかもしれないが、労使のコミュニケーションの減少につながる。またそれは、同時に労働者間のコミュニケーションの減少に導く。

次に、新しい自社ビルあるいは新しい賃貸オフィスへの引越しは、労働組合事務所の移転を余儀なくさせるかもしれない。そしてそのことは、事務所の利便性にも影響を与えるかもしれない。少なくとも、組合事務所の引越しは、労働組合に対してもコストをもたらす。

さらに海外においては、労働組合率の低い地域へのオフィスの移転は、同じく労使関係に多大な影響を及ぼすと推測される。

このように、オフィスのあり方や移転は、労使関係にも少なからず影響を及ぼすことを理解しておかなければならない。

以上のことからも明らかなように、オフィスの構想や設計段階で、トップはもちろんのこと、組織のあらゆる管理者が、できる限り多くそれに関与することが必要である。

6　わが国の伝統的オフィスの今後とインターナル・マーケティング

わが国の伝統的オフィス形態は、オープンオフィス（オープンプランワークプレース）あるいは大部屋主義であり、そのデスク配置の主流は、島型対向式であった。１００年以上も続いたこの形式は今後どのようになってゆくのか、あるいはどのようになるべきであろうか。

オープンオフィスについての従業員の満足度についての調査は、主に欧米において実施されてきた。したがって、ここでは最初に欧米で行われた研究結果を示しておきたい。

欧米においても、主としてテーラーの時代からオープンオフィスの採用が続いていたが、ＱＷＬ、特に、プライバシーの保護などの問題を契機として、キュービックなどを利用して他の労働者との視覚や聴覚上の分離が行われるようになった。しかし、近年、経営理論上の影響もあり、コミュニケーションの改善や知識経営のための相互作用の必要性が求められ、オープンオフィスが再び見直されはじめた。そのため、オープンオフィスと従業員満足についての研究に注目が集まりだした。

研究結果は、個室からオープンオフィスに移った人の評価は、よくないことを示す場合が多い。たとえば、ある調査結果は、伝統的な個人オフィススペースからオープンオフィスに移った人の4分の3が「前より新しい仕事場は悪くなった」と回答していて、伝統的な個室で働く人たちは、オープンもしくは共有の仕事配置の中で働く人たちよりも大きな満足を示した。[128] この調査にも現れているように、すべての人がオープンオフィスに対して満足を表すわけではない。別の調査では、オフィスのオープン性と従業員満足との間の関係は明らかではなく、他の変数によって影響されることを示している。[129]

生産性については、スペースにゆとりがありすぎると勢いを失ってしまい、この「密度が活気を生みだす」現象は、全国のデザインコンサルタント会社IDEOのオフィスでもみられることが報告されている。[130] スティーブ・ジョブズは、ピクサーの本社を設計する際、人材の交流が社内の活気をもたらし、それがよい映画づくりに結びつくと考えていた。そうしたスティーブの行動は、次のように指摘されている。[131]

「『会社の一番の資産は社員』だとよく言われるが、ほとんどの経営者は口先だけだ。わかっていても姿勢を改めないし、経営判断に生かさない。しかしスティーブは違った。その考えを本社ビルの設計の軸に置いた。建物のあらゆることが、人々が混ざり合い、出会い、話をすることを促し、協力し合う力を高め、映画づくりを支援するよう考慮されていた。

結局スティーブは、アトリウムをまたぐアーチ形の鉄橋から試写室の椅子まで、新社屋のあらゆるディテールを取り仕切った。意識的な障壁にならないように、開放的で居心地のいい階段をつくった。建物に入るときに社員同士が顔を合わせるよう、入り口を一カ所だけにした。会議室、トイレ、メールルーム、三つの劇場、ゲームエリア、食堂エリアのすべてが建物の中心に位置するアトリウムにある（現在もそこで人々が集まって食事をしたり、卓球をしたり、ピクサーのリーダーたちから会社の近況について説明を受けたりしている）。

こうしたことすべてが人の交流につながった。1日中、何かの拍子に誰かと行き会うため、コミュニケーションが自然に生まれ、偶然に人と出会う確率も増す。建物内に活気があふれているのが感じられる」。なお、スティーブは、トイレも男女とも1カ所だけにして交流を促進しようと考えていたようであるが、それだけは却下された。

アルミメーカーのアルコアでは、地位で分けられた個室とエグゼクティブ専用駐車場はなく、廊下もない。廊下は人々を分割するからである。また、移動と対話を促進するために、エレベーターのかわりにエスカレーターが取り入れられている[132]。

ところで、オープンオフィスに関して欧米で問題になってきたことは、主としてプライバシーと騒音であった。プライバシーには、心理的なものと物理的なものがある[133]。したがって、プライバシーはこの両面から考察されなければならない。プライバシーという用語は、通常「社会的相互作用からの満足な避難あるいは社会的相互作用の規制からの満足な避難を伴う心理的な状態」[134]を意味する。プライバシーに関する研究は、個人のワークプレースの満足には関連するが、職務満足には必ずしも関連しないという結果がある[135]。これは、プライバシーについての知覚が個人個人によって異なるからであると推測されている。

騒音に関しては、オープンプランワークプレースで働く人々にとって、不快さと生産性低下の基本的源であると判断される傾向がある。[136] たとえば、「クリエイティブな人間には、考えるための静かな場所が必要だ。でも、そのことを会社は全く考えていない」などである。[137] アメリカでは、オープンオフィスで大声を出さないことが「エチケット」とされていて、P&Gでは、そのための対策として「集まって相談する部屋」を設けている。[138] またグーグルのオフィスデザインは、従業員を孤立させたり、地位を誇示させることではなく、エネルギーや交流を最大化することを目的にしていて、彼らを狭い場所に詰め込むことで創造性のマグマを湧きあがらせ、なるべく窮屈な思いをさせたほうがよいと考えている。しかし同時にグーグルでは、集団から刺激を存分に受けた従業員が、静かな場所に移動する自由も与えられていて、オフィスにはたくさんの〝隠れ家〟が用意されている。人目につかないカフェの隅、ミニキッチン、小さな会議室、屋外のテラスや昼寝用ポッドまである。だがひとたび席に戻れば、チームメイトに囲まれていなければならない。[139]

近年では、前述のように職場に音楽を流すところも現れた。USENの調査では、53%の人が、職場が静かすぎて「居心地が悪い」と回答しており、気になる音として、「話し声(46%)」、「電話で話す声(37・5%)」、「外からの雑音(30・5%)」、「キーボードを打つ音(19・8%)」となっている。[140] こうした対策として、音楽が活用されるようになってきたが、それがどの程度の生産性向上に結びつくかの検証は困難であろう。しかし、ＩＭの見地からすれば、音の管理による従業員の居心地のよさの向上が、コミュニケーションの活性化やイライラ解消に少しでも結びつくと考えられる。たとえば、同ＵＳＥＮの調査では、仕事中に個人で音楽を聴くことに対して同僚の約半数は不快と感じており、これを改善するだけでもイライラが少なくなると思われる。

以下において、上記の研究結果を参考として、わが国の大部屋主義の展望について考察したい。

日本では、オフィスは最低限のスペースがあればよいと考えてきたのではないだろうか。たとえば、東京の従業員一人当たりの仕事スペースは、北京と同じくらいであるが、フランクフルトやロサンゼルスの約半分となっている。[141]また、わが国の経営者の多くが、スペースは業績とは関係ないと判断しているとも思われる。すなわち、アメリカのように、ワークプレースと企業戦略とを結びつけ、組織業績を改善するためのツールとしてワークプレースを用いようとしていないケースが多いと考えられるのである。

確かにビルディングは、協働などの従業員の行動や文化などには影響を及ぼすが、企業業績とビルディングとの関連は明確ではないという調査結果がある。[142]しかしながら、高業績組織を実現するためには、オフィスの改善を含めてすべての可能性を試みる必要がある。

すでに検討したように、オフィスは、ＨＲＭと大きな関係がある。その上、オフィスは、それを有効に管理することによって、効率や能率の向上、従業員満足、顧客満足、地域社会への貢献などさまざまなCSRに役立つばかりでなく、コスト削減、企業イメージの向上といった企業戦略に関わる重要な要素である。

オープンオフィスについても、これまでとは異なり、それが組織にとって望ましい形であるかどうかを再検討すべき時期に来ている。戦略的にオープンオフィスが最適であるという結論に至ったのであれば、それは問題がないと思われる。たとえば、ユニクロ新東京本部は、ベンチャースピリッツを取り戻すために、島型対向式のオフィスレイアウトさえなくして、個人席を廃止することで各人の城をなくし、昔のようなワンテーブルミーティングができるようなオフィス戦略を実行することでワークスタイルを刷新しようとしている。[143] このユニクロ新東京本部の場合は、自分の領域や部門を越えたコミュニケーションを促進するために、これまでも続けてきたオープンオフィスは継続しながらも、新たなコンセプトのもとでオフィスがデザインされたと考えられる。すなわち、それは、広い空間をオープンに活用しようとするもので、目にみえないバリアという精神的なパーテーションさえ取り払ったもので、異部門間のコミュニケーション活性化やプロジェクトに応じたコラボレーションを向上させたオフィスである。

こうしたオープン性の高いオフィスは、確かに1人で行わなくてはならず、しかも集中力が必要な仕事には向かないかもしれない。そうした仕事は、多くの人にとっては騒音や中断がないほうがはかどるからである。この問題を解決するためには、1人だけで誰にも邪魔されずに仕事ができる場所を別に固定的あるいは非固定的に確保しておけば、通常のオフィス形態はオープンでもかまわないと思われる。自席での「デスクワーク」が減り、会議室や打ち合わせコーナーでの「テーブルワーク」が増えている[144]こともオープン方式が望ましいことを示している。

オープンオフィスに関して海外で問題になっている点は、前述のように主としてプライバシーと他人が発する話し声を中心とした音である。プライバシーに関しては、日本国憲法第十三条で「個人の尊重」として保障されている。オフィスにおいては、おそらくほとんどこのことが問題になることはない。その理由は、わが国では机の中にプライバシーがしまい込まれているからである。他国では、プライバシーの厳守は、仕事上も重要な関心ごとになっている場合がある。たとえば、欧米では、職場でも本人が結婚しているかどうかや家族がいるかどうかはプライバシーの問題であり、同僚も知らないケースがある。しかし、わが国の場合、職場におけるプライバシー、すなわち1人でいることや他人に干渉されない権利や家族などのことが問題になることはあまりないと思われる。あるとすれば、さまざまな職業上の秘守義務に関連したことであろう。そして、近年プライバシーに関して問題になることは、事業者単位で行われる個人情報の取得及び個人情報の適切な管理についての規定であるＩＳＯ２７００１や、その他の情報セキュリティマネジメントシステム（ＩＳＭＳ）上のことである。

また、欧米では騒音としてみなされる他人の話し声は、わが国ではほとんど問題視されていないと考えられる。大多数の人は、そうした環境で仕事をしているし、同僚が電話などで話している声が聞こえたり、仕事の打ち合わせをしている声が聞こえたりすることは、当然のこととして受け入れている。また、他の同僚たちがどのような顧客を相手にどのような仕事をしているのかなどを間接的でも知っておくことは、当人が休んだときなどに代わりに応対する際に役立つ情報になる。

このようにオープンオフィスは、オフィスにはお金をかけないとか、グループで仕事をするなど、わが国の仕事環境に適したものになってきたために、今日でも続けて用いられていると推測される。そして、この方式を変えたときの代替肢は、会社や組織によってかなり異なることが予想される。たとえば、前述のオルターナティブオフィスの1つ、あるいはさまざまな形態のオフィスの組み合わせが用いられるかもしれない。また、そのデザインは、その組織の構造や戦略に適したものになるであろう。それは、ユニクロ新東京本部のような新しい形のオープンオフィスになるかもしれない。そうした新しいオープンオフィスやフリーアドレス性を採用するときの問題は、個々の働く人にとって必要な資料、筆記用具、電話、パソコンなどをどこに置き、どのように利用するかといったことである。おそらくわが国の組織や企業は、追加的な財務費用を支出することなく、この問題を解決しようとしてきたために、100年以上、島型対向式を続ける以外に方法がなかったのであろう。しかし、競争が激化する中で、今までの仕事のプロセスやオフィスのあり方を再考すべき時期に来たと思われる[145]。

わが国でも見習うべき例として、2010年にオラクルによって吸収合併されたサン・マイクロシステムズのｉＷｏｒｋプログラムがあげられる[146]。ｉＷｏｒｋプログラムは、経営トップを含めた全従業員に提供される「ビジネス・インフラストラクチャーのサービスのセット」と定義されている。これには大きく3種類の働き方（ワークアレンジメント）があり、従業員は個々の特性から適性分析されたワークアレンジメントを選択する。すなわち、①サン・アサインド（固定オフィスを使う働き方で、出歩くことは通常しない働き方）、②フレキシブル・オフィス（オフィスを固定せず、必要に応じた場所で勤務する。ホームオフィスで在宅勤務として働く場合には、週に1日か2日以内。残りの日はいずれかのオフィスに通勤する働き方）、③ホーム・アサインド（主にホームオフィスで週3日以上在宅勤務し、基本的にオフィスへの通勤義務はない働き方）のいずれかを選択する。ｉＷｏｒｋの導入結果として、全世界で生産性が34％向上し、従業員満足度は73％を記録し、通勤時間は週平均にして3・3時間軽減できた。2004年12月に日本法人でも同プログラムがスタートして、わずか1年弱で年間約5億円のファシリティコスト削減を達成した。なお、同社では、デスクでのプランニングを中心に業務を進め、無駄に外出しない者もいるので、そうした人のデスクの確保も行っている。

このように、全世界で通用するオフィスデザインもあるように考えられるが、わが国においては望ましいオフィスのデザインが、他国でも同じように通用するとは限らない。国際化が進展する中、他国の文化を尊重しなければ、優秀な人材を失うことになりかねないことにも注意を向ける必要がある。すなわち、わが国の企業が他国でオフィスを設ける場合は、その国の文化に適したデザインを心がけなければならない。たとえば、同じオープンオフィスにおいても、パーテーションの高さについての文化的選好は、アメリカやドイツなど国によって異なるからである。

7 まとめ

これまでみてきたように、IMとオフィスデザインとは関連を有しており、程度の差はあるものの、オフィスデザインは従業員満足や組織の能率に影響を及ぼす可能性が高い。したがって、企業をはじめとする多くの組織は、組織構造や建物自体のデザインやオフィスの形態に留意すべきである。

特に、わが国の伝統的なオープンオフィスで島型対向式のデスク配置は、高業績組織を達成するために再考すべき時期にあると思われる。サン・マイクロシステムズ以外の参考例として、「グーグル」のオフィスをあげることができる。このおもちゃ箱でディズニーランドのようなオフィスでは、従業員の愛犬が飼われ、さまざまなゲーム機が設置されていて、瞑想やリラックスできる設備が整っている。こうした環境であれば、人々は楽しく仕事ができ、新しいアイデアを搾り出せ、疲労も少なくなるのかもしれない。このようなオフィスのあり方こそが、驚異的な株式時価総額をもたらした基盤であったとも推測される。このように、現代企業の存続・発展の源泉である人的資源の活用は、オフィスのあり方にも大きく依存していると言うことができよう。

【注】

（1）Johann Heinrich von Thünen, *Der Isolierte Staat in Bezihug auf Landwirthscaft und Nationalokonomie*, Book Renaissance, 1875.（近藤康男・能代幸雄訳『孤立国』日本経済評論社、1989年）。
（2）Alfred Weber, *Über den Standort der Industrien: Reine Theorie des Standorts*, 1986.（篠原泰三訳『工業立地論』大明堂、1986年）。
（3）Alfred Marshall, *Elements of Economics of Industry*, Macmillan and Co., 1949, p. 150.
（4）建物ではなく、情熱が社員と企業と顧客を結びつける漆喰（モルタル）であるという見解もある（David S. Pottruck and Terry Pearce, *Clicks and Mortar: Passion Driven Growth in an Internet Driven World*, Jossey-Bass Inc., 2000, p. xx.（坂和　敏訳『クリック&モルタル』翔泳社、2000年、xv頁）。
（5）Andrew Carnegie, *Autobiography of Andrew Carnegie*, Pickering & Chatto Limited, 2010, p. 185.（坂西志保訳『カーネギー自伝』中公文庫、2002年、160頁）。

（6）Colonel Sanders, *Col. Harland Sanders: The Autobiography of the Original Celebrity Chef.*（コール陽子訳『世界でもっとも有名なシェフ　カーネルサンダースの自伝』日本ケンタッキー・フライドチキン株式会社、2013年、161頁）。
（7）Howard Schultz and Dori Jones Yang, *op. cit.*, p. 144.（前掲訳書、191頁）。
（8）遠山正道、前掲書、86-94頁。
（9）Ray Kroc with Robert Anderson, *op. cit.*, p. 176.（前掲訳書、281-282頁）。
（10）Philip Kotler, Thomas Hayes and Paul N. Bloom, *Marketing Professional Services*, Second Edition, Learning Network Direct, Inc., 2002, pp. 302-303.（白井義男監修・平林　祥訳『コトラーのプロフェッショナル・サービス・マーケティング』ピアソン・エデュケーション、2002年、247-248頁）。
（11）Ray Kroc with Robert Anderson, *op. cit.*, pp. 170-171.（前掲訳書、272頁）。
（12）Michael E. Porter, *On Competition: Updated and Expanded Edition*, Harvard Business School Press, 2008, p. 215.（竹内弘高訳『競争戦略論Ⅱ』ダイヤモンド社、1999年、67頁）。
（13）Enrico Moretti, *The New Geography of Job*, First Mariner Books, 2013, pp. 90-124.（池村千秋訳『年収は「住むところ」で決まる：雇用とイノベーションの都市経済学』プレジデント社、2014年、124-164頁）。
（14）Robert E. Lucas, Jr., "On the Mechanics of Economic Development", in *Journal of Monetary Economics*, 22, 1988, pp. 1-42.
（15）Enrico Moretti, *op. cit.*, pp. 154-157.（前掲訳書、206-210頁）。
（16）大野耐一『トヨタ生産方式：脱規模の経営をめざして』ダイヤモンド社、1978年、214頁。
（17）川端基夫『改訂版　立地ウォーズ：企業・地域の成長戦略と「場所のチカラ」』新評論、2013年、20-26頁を条件第一と第二について参照。
（18）緒方和行『鈴木敏文のセブン-イレブン・ウェイ：日本から世界に広がる「お客様流」経営』朝日新聞出版、2013年、33頁及び110頁。

（19）佐治敬三『へんこつ　なんこつ』日本図書センター、２０１２年、44頁。

（20）日本経済新聞「カントリーリスク調査」２０１６年9月1日、朝刊。

（21）田中　仁、前掲書、60頁。

（22）松田公太『すべては一杯のコーヒーから』新潮社、２００２年、１４１頁及び１４６-１４７頁。

（23）Tony Hsieh, *op. cit.*, pp. 150-151 and pp. 224-226.（前掲訳書、２１８-２１９頁及び３３３-３３５頁）。

（24）日本経済新聞「オフィス空席率　地方都市で低下」２０１６年5月21日、朝刊。

（25）日経ビジネス編『1ドル80円工場：空洞化を超えるモノ作りの現場から』日本経済新聞社、１９９５年、2頁。

（26）Howard Schultz with Joanne Gordon, *Onward: How Starbucks Fought for Its Life without Losing Its Soul*, Rodale, Inc., 2011, p. 257.（月沢季歌子訳『スターバックス再生物語：つながりを育む経営』徳間書店、２０１１年、３５１頁）。

（27）Tom Kelley with Jonathan Littman, *The Art of Innovation: Lessons in Creativity from IDEO, America's Leading Design Firm*, Profile Business, 2001, p. 121.（鈴木主税・秀岡尚子訳『発想する会社！：世界最高のデザインファームＩＤＥＯに学ぶイノベーションの技法』早川書房、２００２年、１３６-１３７頁）。

（28）http://www.cbre.co.jp/JP/aboutus/mediacentre/mediaarchives/Pages/HONG-KONG-LEAPFROGS-LONDON-TO-BECOME-WORLDS-PRICIEST-OFFICE-MARKET.aspx?redirect=true

（29）Alfred P. Sloan, Jr., *op. cit.* pp. 260-261.（前掲訳書、３２９頁）。

（30）内閣府地方創生推進室「構造改革特別区域計画の第39回認定」（www.kantei.go.jp）。

（31）Thomas Farole and Gokhan Akinci, eds., *Special Economic Zones: Progress, Emerging Challenges, and Future Directions*, The World Bank, 2011, p. 2.（www.worldbank.org）。

（32）内閣府地方創生推進事務局ホームページ（http://www.kantei.go.jp/jp/）。

（33）米沢市ホームページ「米沢市の企業立地情報」（http://www.city.yonezawa.yamagata.jp/4482.htm）。

(34) James F. Hettinger and Stanley D. Tooley, *Small Town, Giant Corporation: Japanese Manufacturing Investment and Community Economic Development in the United States*, University Press of America, 1994, pp. 61-64.（青木孝誠監修・竹内秀夫訳『デンソーと小さな町バトルクリークの挑戦：日本企業の北米進出とアメリカの地域社会』日本能率協会マネジメントセンター、１９９８年、１１３-１１７頁）。

(35) David Magee, *Turnaround: How Carlos Ghosn Rescued NISSAN*, Harper Collins, Inc., 2003, p. 217.（福嶋俊造訳『ターンアラウンド：ゴーンはいかにして日産を救ったのか?』東洋経済新報社、２００３年、２７５頁）。

(36) *Ibid*, p. 219.（同上訳書、２７６頁）。

(37) Thomas J. Watson Jr. and Peter Petre, *Father, Son & Co.: My Life at IBM and Beyond*, Bantam Books, 1990, p. 245.（高見　浩訳『ＩＢＭの息子㊦：トーマス・J・ワトソン・ジュニア自伝』新潮社、１９９１年、34頁）。

(38) http://global.kobe-investment.jp/advance/

(39) 河野昭三『ビジネスの生成：清涼飲料の日本化（増補改訂版）』文眞堂、２００２年、１３２頁。

(40) Michael S. Malone, *The Intel Trinity: How Robert Noyce, Gordon Moore, and Built the World's Most Important Company*, Harper Collins Publishers, 2014, pp. 220-221.（土方奈美訳『インテル：世界で最も重要な会社の産業史』文芸春秋、２０１５年、２５０-２５１頁）。

(41) Henry Ford and Samuel Crowther, *Edison as I Know Him*, 1930, p. 105.（鈴木雄一訳『自動車王フォードが語るエジソン成功の法則』言視社、２０１２年、１２８頁）。

(42) 株式会社住信基礎研究所編『オフィス白書：２００１年のオフィスマーケット』ぎょうせい、１９９４年、3頁。

(43) Tim Brown with Barry Katz, *Change by Design: How Design Transforms Organizations and Inspires Innovation*, Harper-Collins Books, 2009, p. 39.（千葉敏生訳『デザイン思考が世界を変える：イノベーションを導く新しい考え方』早川書房、２０１４年、55頁）。

(44) Joe Ouye and Jean Bellas, コクヨオフィス研究所監訳『勝つためのオフィス：*Competitive Workplace*』H&I、1999年、10頁（同対訳書では、「オフィスとは企業の機能を収容しサポートするもの（こと）と本書では定義する。すなわち、組織構造と業務プロセス、情報技術、（不動産、ファシリティ、空間などの）物理的システムが含まれる」となっているが、原書ではこれが1つの文章となっているので、まとめさせていただいた。また、主語は、組織organizationではなく、企業corporationとなっているが、この定義は、企業ばかりでなく、他の組織にも当てはまると考え、ここでは組織にした。ここでいう収容とは、shelterの訳である）。

(45) Alfred D. Chandler, Jr., *op. cit.* (1978), p. 80.（前掲訳書、24頁）。

(46) David G. Cotts, *The Facility Management Handbook*, second edition, American Management Association, 1999, pp. 4-7.（松岡利昌監修・「ザ・ファシリティマネジメントハンドブック」翻訳・編集委員会編『ファシリティマネジメントハンドブック』産業情報センター社出版事務局、2010年、32-35頁）。

(47) 鈴木好和「人的資源管理とオフィスデザイン」藤本雅彦編著『経営学の基本視座：河野昭三先生還暦記念論文集』まほろば書房、2008年、231-259頁参照。

(48) Walter B. Kleeman, Jr., "The Office of the Future", in Jean D. Wineman, ed. *Behavioral Issues in Office Design*, Van Nostrand Reinhold Company Inc., 1986, p. 251.

(49) ライトは「この国で「空気調整された」最初の建物の一つ」と述べている（Frank Loid Wright, *An Autobiography*, Duell, Sloan and Pearce, 1943, p. 150.（樋口　清訳『ライト自伝：ある芸術の形成』中央公論美術出版、1988年、214頁））。

(50) Franklin Becker and Friz Steele, *op. cit.*, p. 16.（前掲訳書、16頁）。

(51) Frederic Winslow Taylor, *op. cit.*, p. 57.（前掲訳書、372頁）。

(52) NSW Government Workplace Guidelines: Brief History of Office Design (http://gamc.nsw.gov.au/workplace-guidelines).

(53) http://www.12manage.com/methods_schnelle_metaplan_ja.html

(54) http://www.audc.org/projects/index.php/B%C3%BCro_Landsschaft

(55) Michael S. Malone, *op. cit.*, p. xvii.（前掲訳書、19頁。インテルでは、幹部も専用室をもたずにオフィスフロアの狭いキュービクルで一般社員とともに仕事をしていたため、誰もが平等な立場で最高の技術を追い求めるという会社の理念が浸透した）。

(56) Gwendolyn Bounds, "How to Find Privacy In Open-Plan Offices" (http://www.careerjournal.com/services/print).

(57) Franklin Becker and Fritz Steele, *op. cit.*, p. 28.（前掲訳書、39頁）。

(58) Marilyn Zelinsky, *New Workplaces for New Workstyles*, McGraw-Hill Companies, Inc., 1998, p. 4.（鈴木真治訳『変革するワークプレイス：新しい働き方とオフィスづくりの実践』日刊工業新聞社、１９９８年、4頁）。

(59) David Rockefeller, *Memoirs*, Random House, 2002, p. 100.（楡井浩一訳『ロックフェラー回顧録』新潮社、２００７年、１３３頁）。

(60) Sir Richard Branson, *op. cit.*, p. 72.（前掲訳書、99頁）。

(61) Manfred F. R. Kets de Vries, *Life and Death in the Executive Fast Lane*, Jossey-Bass Inc. 1995, p. 147.（金井壽宏・岩坂　彰訳『会社の中の「困った人たち」：上司と部下の精神分析』創元社、１９９８年、１８６頁）。

(62) Joe Ouye and Jean Bellas, *op. cit.*（前掲対訳書、53頁）。

(63) Marilyn Zelinsky, *op. cit.*, p. 84.（前掲訳書、84頁）。

(64) http://www.nikkeibp.co.jp/style/biz/office（紺野登の「知で革新するワークプレイス」）。

(65) 先進的企業では、トップ・マネジメントが先頭に立ってオフィスのデザインに関わるとともに、オフィスを構える場所の選定に関与している。たとえば、かつてＡＴ&Ｔでは、副社長のリチャード・ミラーがリーダーとしてオフィスのデザインに関わっていたし、フィンランドのＳＯＬ社でも社長自身がオフィスのデザインに関与した（http://www.nopa.or.jp/prise/list/past/europe/e97/sol/index.ht）。

(66) John Elkington and Pamela Hartigan, *The Power of Unreasonable People: How Social Entrepreneurs Create Market that Change the World*, Harvard Business School Press, 2008, p. 2 and p. 199.（関根智美訳『クレイジーパワー：社会起業家―新たな市場を切り開く人々』英治出版、２００８年、20頁及び２９８頁）。

(67) 株式会社産業タイムズ社『グリーン店舗最前線』株式会社産業タイムズ社、２０１０年、7頁。

(68) Anthony Flint, *Wrestling with Moses: How Jane Jacobs Took On New York's Master Builder and Transformed the American City*, Random House Trade Paperbacks, 2009, p. 194.（渡邉健彦訳『ジェイコブズ対モーゼス：ニューヨーク都市計画をめぐる闘い』鹿島出版会、２０１１年、２９６頁）。

(69) わが国でも、政府は、「テレワーク人口倍増アクションプラン」を制定して雇用改善に取り組んできた。国土交通省によれば、２０１４年時点でテレワークを週1分以上実施している者（在宅型テレワーカー）は、約５５０万人と推計している。この数字は、テレワーカー率（テレワークを実施している率）が、８・５％になっていることを示している。なお、（社）日本テレワーク協会の調査によれば、テレワークで働くメリットは、「通勤の疲労がなくなる」がトップで、デメリットは、「上司・同僚とのコミュニケーションが不足する」がトップであった。

(70) http://cdn.www.steelcase.com/images/433b456ead8840348e15b7a10e0cf83a.gif

(71) Jack Welch with John A. Byrne, *Jack: Straight from the Gut*, Warner Books, 2001, p. 96.（宮本喜一訳『ジャック・ウェルチ：わが経営㊤』日本経済新聞社、２００１年、１５６頁）。

(72) 日経ニューオフィス賞は、ワーカーが快適かつ機能的で精神的にゆとりを感じるような生活の場となっている、また、創造性を高める働き方を誘発する環境になっている、ITを活用した知的生産活動の場となっている、地球環境への影響や地域社会への貢献など社会性が配慮されている、FM手法を取り入れたオフィスづくりや維持管理のための体制が整備されている、知的資産や情報が適切に管理され運用されている、などが具体的な審査の視点となっている。２０１５年度ニューオフィス推進賞のうち、JINS Global

Head Officeが経済産業大臣賞を受賞した（http://www.nopa.or.jp）。

(73) William H. Davidow and Michael S. Malone, *The Virtual Corporation: Structuring and Revitalizing the Corporation for the 21st Century*, Harper Business, 1992, p. 6.（牧野 昇監訳『バーチャル・コーポレーション：商品を変える、人を変える、組織を変える』徳間書店、１９９３年、16頁）。

(74) H. Igor Ansoff, *Strategic Management*, The Macmillan Press LTD, 1979, p. 91.（中村元一訳『戦略経営論』産業能率出版部、１９８０年、１１０頁）。

(75) Tom Peters and Robert R. Waterman, Jr., *In Search of Excellence: Lessons from America's Best-Run Companies*, Profile Books, 2015, p. 311.（大前研一訳『エクセレント・カンパニー：超優良企業の条件』講談社、１９８３年、５１９頁）。

(76) 日経ビジネス編『小さな本社：経営革新への挑戦』日本経済新聞社、１９９３年、30頁。

(77) William Poundstone, *How Would You Move Mount Fuji?: Microsoft's Cult of the Puzzle: How the World's Smartest Companies Select the Most Creative Thinkers*, Back Bay Books, 2003, pp. 57-58.（松浦俊輔訳『ビル・ゲイツの面接試験：富士山をどう動かしますか？』青土社、２００３年、75頁）。

(78) Franklin Becker and Friz Steele, *op. cit.*, p. 29.（前掲訳書、29頁）。

(79) Franklin Becker and Friz Steele, *op. cit.*, pp. 59-60.（前掲訳書、60頁）。

(80) Kimberly D. Elsbach and Beth A. Bechky, "It's More than a Desk: Working Smarter through Leveraged Office Design", *California Management Review*, Vol. 49, No. 2, Winter, 2007, p. 91.

(81) http://kenplatz.nikkeibp.co.jp

(82) http://www9.nhk.or.jp/gatten/archives/P20070829.html

(83) Frederick Herzberg, *Work and the Nature of Man*, Thomas Y. Crowell Company, 1996, p. 74, p. 169, and p. 197.（北野利信訳『仕事と生産性：動機づけ-衛生理論の新展開』東洋経済新報社、１９６８年、85、87、１９０、１９１及び２２３頁）。ハーズバーグは、作業条件（排気、照明、工具、空間及びそれに類似した環境特徴）は不満要因（職務不満を防止する役目をし、積極的職務態度にはほとんど効果をもたないことから、衛生要因と呼ばれる）に含まれるものであり、この要因の改善は、生産性の向上に寄与するかもしれないが、その効果は短期間しかもたないと指摘している。

（84）2003 Corporate Executive Board, Linking Employee Satisfaction with Productivity, Performance, and Customer Satisfaction (www.corporateleadershipcouncil.com).

（85）Jacqueline C. Vischer, "The Concept of Workplace Performance and Its Value to Managers", *California Management Review*, Vol. 49, No. 2, Winter, 2007, p. 76. 参照。

（86）Kevin Kampschroer, Judith Heerwagen and Kevin Powell, "Creating and Testing Workplace Strategy", *California Management Review*, Vol. 49, No. 2, Winter, 2007, pp. 119-137.

（87）Robert W. Marans and Kent F. Sprecklmeyer, "A Conceptual Model for Evaluating Work Environments", in Jean D. Wineman, ed., *Behavioral Issues in Office Design*, Van Nostrand Reinhold Company Inc., 1986, pp. 67-84.

（88）Jean D. Wineman, "Current Issues and Future Directions", in Wineman, *op. cit.*, pp. 293-313.

（89）http://www.nrdc.org/

（90）日本経済新聞「多様化する働きを支える知識創造空間をつくる」２０１６年８月29日、朝刊。

（91）Robert W. Marans and Kent F. Sprecklmeyer, *op. cit.*

（92）Cortlandt Camman and Gerald E. Ledfold, Jr., "Productivity Management through Quality of Work Life Programs," in Charles J. Fombrun, Noel M. Tichy and Mary Anne Devanna, eds., *Strategic Human Resource Management*, John Wiley & Sons, 1984, p. 364.

（93）Alvin E. Roth, *op. cit.*, p. 178.（前掲訳書、２３７-２３８頁）。

（94）木村皓一「日本発！　世界ブランド秘話」*Forbes JAPAN*・№20、２０１６年、８頁。

（95）Marty Sklar, *Dream It! Do It !: My Half-Century Creating Disney's Magic Kingdoms*, Disney Editions, 2013, p. 243.（矢羽野薫訳『ディズニー　夢の大国をつくる：夢は実現する―世界のディズニーパークはいかに創られてきたか』河出書房新社、２０１４年、２５３頁）。

(96) 荻野五郎『部下をやる気にさせた社長の手紙』講談社、２００１年、１７３頁。

(97) Thomas Witterseh, David P. Wyon and Geo Clausen, "The Effects of Moderate Heat Stress and Open-plan Office Noise Distraction on SBS Symptoms and on the Performance of Office Work" (http://www.le.dtu.dk).

(98) Kate E. Charles and Jennifer A. Veitch, "Environmental Satisfaction in Open_Plan Environments: 2.Effects of Workstation Size, Partition Height and Windows" (www.nrc.ca/irc/ircpubs).

(99) http://www.nrdc.org

(100) Jean D. Wineman, *op. cit.*

(101) ミネベアでは、職場が綺麗なところは利益を上げているが、汚いところでは赤字であったり、歩留まりが悪かったり、クレームが多い（荻野五郎、前掲書、１７８頁）。

(102) Joel Beckerman with Tyler Gray, *The Sonic Boom: How Sound Transform the Way We Think, Feel, and Buy*, Mariner Books, 2015, pp. 159-160.（福山良広訳『なぜ、あの「音」を聞くと買いたくなるのか：サウンド・マーケティング戦略』東洋経済新報社、２０１６年、３２４頁）。

(103) Eric Schmidt and Jonathan Rosenberg with Alan Eagle, *op. cit.*, p. 34.（前掲訳書、56頁）。

(104) Ed Catmull with Amy Wallace, *op. cit.*, p. ix.（前掲訳書、７-８頁）。

(105) Joseph A. Michelli, *op. cit.*, p. 40.（前掲訳書、１７１-１７２頁）。

(106) Yvon Chouinard, *op. cit.*, 2005, p. 136.（前掲訳書、１７９頁）。

(107) Anthony Flint, *op. cit.*, p. 186.（前掲訳書、２８４頁）。

(108) http://www.baifukan.co.jp

(109) Georg von Krogh, Kazuo Ichijo and Ikujiro Nonaka, *Enabling Knowledge Creation: How to Unlock the Mystery of Tacit Knowledge and Release the Power of Innovation*, Oxford University Press, 2000.（ゲオルク・フォン・クロー、一條和生、野中郁次郎訳『ナレッジ・イネーブリング』東洋経済新報社、２００１年）。

(110) Sir Richard Branson, *op. cit.*, p. 124.（前掲訳書、２６５頁）。

(111) 大野耐一、前掲書、１５１-１５２頁。

(112) Eric Schmidt and Jonathan Rosenberg with Alan Eagle, *op. cit.*, p. 2.（前掲訳書、15頁）。

(113) Manfred F. R. Kets de Vries, *op. cit.*, p. 68.（前掲訳書、97頁）。

(114) Jeffrey Pfeffer, *Power in Organizations*, Pitman Books Limited, 1981, pp. 223-225.

(115) Manfred F. R. Kets de Vries, *op. cit.*, p. 55.（前掲訳書、82頁）。

(116) Franklin Becker and Fritz Steele, *op. cit.*, p. 36.（前掲訳書、51頁）。

(117) Thomas J. Watson, Jr., *A Business and Its Beliefs: The Ideas That Helped Build IBM*, McGraw-Hill, 1963, pp. 19-21.（土居武夫訳『企業よ信念を持て』竹内書店、１９６７年、28-31頁）。

(118) http://www.nopa.or.jp

(119) Tom Kelley with Jonathan Littman, *op. cit.*, p. 135.（前掲訳書、１５１頁）。

(120) Tom Kelley with Jonathan Littman, *op. cit.*, p. 134.（前掲訳書、１５１頁）。

(121) 배덕상 지음, 세계 최강 삼성 경쟁력의 비밀, 미다스북스, 2012, pp. 187-189.（吉原育子訳『なぜサムスンの社員は一流大卒でなくてもすごいのか?』東洋経済新報社、２０１３年、２２８-２３１頁）。

(122) Raymond A. Noe, John R. Hollenbeck, Barry Gerhart and Patrick M. Wright, *Fundamentals of Human Resource Management*, McGraw-Hill Irwin, second edition , 2007, p. 126.

(123) http://www.osha.gov/SLTC/ergonomics/index.html

(124) Craig Brod, *Technostress: The Human Cost of Computer Revolution*, Addison-Wesley Publishing Company, 1984, pp. 183-184.（池　央耿・高見　浩訳『テクノストレス』新潮社、１９８４年、２５０頁）。

(125) Robert W. Marans and Kent F. Sprecklmeyer, *op. cit.*

(126) Leonard L. Berry and Kent D. Seltman, *op. cit.*, p. 168.（前掲訳書、２７１頁）。

(127) Leonard L. Berry and Kent D. Seltman, *op. cit.*, p. 169.（前掲訳書、２７４頁）。

(128) Robert W. Marans and Kent F. Sprecklmeyer, *op. cit.*
(129) Glenn S. Ferguson and Gerald D. Weisman, "Alternative Approaches to the Assessment of Employee Satisfaction with the Office Environment", in Wineman, *op. cit.*, pp. 85-108.
(130) Tom Kelley with Jonathan Littman, *op. cit.*, p. 136.（前掲訳書、１５２頁）。
(131) Ed Catmull with Amy Wallace, *op. cit.*, pp. 302-303.（前掲訳書、３８６頁）。
(132) Tom Kelley with Jonathan Littman, *op. cit.*, p. 138.（前掲訳書、１５５頁）。
(133) Glenn S. Ferguson and Gerald D. Weisman, *op. cit.*, pp. 85-108.
(134) Eric Sundstrom, "Privacy in the Office", in Wineman, *op. cit.*, pp. 177-201.
(135) *Ibid.*
(136) Jacqueline C. Vischer, *op. cit.*
(137) Tom Kelley with Jonathan Littman, *op. cit.*, p. 134.（前掲訳書、１５０頁）。
(138) http://www.careerjournal.com/services/print/
(139) Eric Schmidt and Jonathan Rosenberg with Alan Eagle, *op. cit.*, p. 36.（前掲訳書、58-59頁）。
(140) http://www.usen.com/cms_data/newsrelease/pdf/2013/20130724_1010.pdf
(141) http://www.gamc.nsw.gov.au/workplace-guidelines
(142) Kampschroer, Heerwagen and Powell, *op. cit.*
(143) http://kenplatz.nikkeibp.co.jp/article/office/colum/20070316/505317/?P=2
(144) 岸本章弘『New Workplace：仕事を変えるオフィスのデザイン』弘文堂、２０１１年、42頁。
(145) ここで、四年制大学の経済学部経営学科を中心とした学生２７４名を対象として２００７年6月に実施した「オフィスに関するアンケート調査」結果の一部を紹介しよう。この調査は、オフィスデザインの研究を行ううえで、入口である新入社員予備軍の意識調査から始めたいと思ったからである。したがって、その目的は、新入社員予備軍がオフィスに対して抱いている希望を中心としたイメージを明らかにすることであった。これによって、企業が新しいオフィスの設計やリクルートを行う場合に、多少なりとも参考になろう。以下は、設問とその回答数である。

①「就職先は、駅に近いほうがよい」

駅に近いほうがよいとする回答は、192名であり、別にこだわらないとする回答は、82名であった。なお、以下において、不明についてはすべて記入漏れである。

②「就職先は、近代的なビルがよい」

よいとする回答は、109名であり、別にこだわらないとする回答は、165名であった。

③「外が見えるオフィスで仕事がしたい」

その通りとする回答は、165名で、別に気にしないは、108名であった。不明は、1名であった。

④「冷房や暖房などの空調が気になる」

気になるという回答は、215名で、別に気にしないは、58名であった。不明は、1名であった。

⑤「在宅勤務がしたい」

したいとする回答は、24名で、したくないとする回答は、244名であった。

⑥「社員食堂が欲しい」

これについては、欲しいが218名で、別にいらないとする回答は、56名であった。

⑦「化粧室（トイレ）は重要である」

その通りとする回答は、244名で、気にしないという回答は、30名であった。

⑧「自分の机がなく、共有でもかまわない」

共有でもよいとする回答は、96名であり、絶対に自分の机が欲しいとする回答は、178名であった。

⑨「建物の安全性に関心がある」

関心があるとする回答は、220名で、気にならないは52名、不明が2名であった。

以上の回答からだけでは、学生が就職先をオフィスで選択するかどうかという結果は出せないが、オフィスについていろいろな点で気にしていることは明らかになったと思われる。たとえば、通勤が便利であるかどうかについては関心が高い。また、近代的ではなくてもよいが、汚いオフィスビルは敬遠されがちである。さらに、アメニティー関係の充実や建物の安全性に大きな関心が集まっていることが判明した。在宅勤務については、それを希望する学生は、かならずしも全員が女性ではなかった。上には記載してはいないが、女性に関しては結婚や出産後のことを考えてという回答の理由が目を引いた。自分専用の机については、どのような職務に就きたいと考えているかで異なるが、多くの学生が自分の机を欲しがっていることがわかった。おそらくこれは、プライバシーの問題と関係するのではないかと推測される。

(146) http://jp.sun.com/cgi-bin/print.cgi

第6章　プロモーション

1　インターナル・マーケティングにおけるプロモーション

プロモーションには、広告、人的販売、販売促進、PRなどが含まれる。このプロモーションは、企業側からのアプローチであり、これを従業員（人的資源）や顧客側からみるとその行動は、コミュニケーションということになる。

プロモーションやコミュニケーションは、その目的の1つとしてよいリレーションシップ（関係）を築くことであると言える。エバート・グメッソンは、リレーションシップ・マーケティングに3つの範疇があると分類している。(1)

第一は、マーケット・リレーションシップである。これには、サプライヤーと顧客との二者間リレーションシップ、それに競争業者が加わった三者間リレーションシップ、そして物流ネットワークの3つが含まれるクラシック・マーケット・リレーションシップと、スペシャル・マーケット・リレーションシップがある。こうしたリレーションシップを重視している例として、ＪＡＬのケースがある。ＪＡＬは、「末端の現場で働く人たちが、どのくらいお客さんに感動を与えたか、それにかかっている」[2]と述べている。

スターバックスが提供するスターバックス・アクセス・アライアンス・ネットワークは、すべてのパートナーとお客様が店舗、商品、コミュニケーションツール、情報に平等にアクセスできるようにすることを目指したものであり[3]、「フェイスブックやツイッターといったソーシャルネットワーク、またマイスターバックスアイデア・ドットコムはお客様の声を聞き、お客様とつながる助けとなった」[4]とその効果を明らかにしている。

このソーシャルネットワークによって、人と企業の関係は今後も進化していくと予測されている。そこで何か驚くべき成果が生まれる可能性は十分にある。製品のコンセプトづくりからデザイン、製造にいたるまでの工程で消費者の協力を仰ぐことによって、企業はコストを削減し、人々の求める製品をつくり、顧客ロイヤルティを生み出すことが可能になる[5]。そうした証拠が増えている。マツダは同社のフェイスブックページのファンに、２０１８年型モデルのデザインに協力してくれるよう依頼した結果、世界中のデザイナー志望の学生がアイデアを提供した[6]。ＨＲＭは、活用できるすべての人材を管理する。そして、フェイスブックは、当該企業で仕事をしたいという世界中の人々の要求を生み出し、これが人的資源になる。しかも、ソーシャルネットワークは、コストをかけずにＩＭを実施できる。

このソーシャルネットワークは、逆説的になるが、顧客とのリレーションシップを不要にする可能性がある。顧客は、リレーションシップの対応に時間を費やしたくないと考えているかもしれない。ブルー・オーシャン戦略は、競争よりも新規市場の創出を重視して、競争を無意味にしようとする。その戦略によれば「限りなく広いブルー・オーシャンを目指すなら、これとは逆の道筋を選ばなくてはならない。顧客だけに目を奪われるのではなく、顧客以外の層に視線を向けるのである。そして顧客間の違いに焦点を当てるのではなく、買い手が共通して重んじる要素をテコとして使うのだ[7]」という。これは、従業員以外の人材に注目すべきことを示唆している。

スペシャル・マーケット・リレーションシップは、クラシック・マーケット・リレーションシップの特定の側面に焦点をあてたもので、たとえば、サービス・エンカウンターにおけるインタラクションや、ロイヤルティ・プログラムの会員である顧客といったものがあげられる。

第二は、メガ・リレーションシップである。これは、マーケット・リレーションシップより上のレベルに存在するリレーションシップで、メガ・マーケティング（ロビー活動、世論、政治力）、メガ・アライアンス（北米でのマーケティングのための新しい場を提供するＮＡＦＴＡなど）、そして社交的リレーションシップ（交通関係や民族的連帯など）が含まれる。

第三は、ナノ・リレーションシップである。これは、組織内部に見出されるリレーションシップで、内部顧客間のリレーションシップや内部市場間のリレーションシップなどがあげられる。

グメッソンは、これらのリレーションシップの関係を次のように指摘している[8]。「相互に依存した状態にありながら、それぞれの内容は異なるリレーションシップの層となったマトリョーシカのような人形である。中心の人形は、マーケット・リレーションシップであり、その中にはナノ・リレーションシップが、外側にはメガ・リレーションシップが存在し、これら内外のリレーションシップがマーケット・リレーションシップが必要とする条件を生み出す」。

ＩＭにおいては、ナノ・リレーションシップの確立、すなわち、会社は、戦略を従業員とコミュニケーションを通して共有する必要がある。

2 広　告

どんな有名な企業でも広告をまったく行わないならば、知ってもらい、理解してもらうことは困難である。たとえば、インテルは、技術的優位性さえあれば成功への障害はすべて乗り越えられるという信念とともに生まれたのであるが、ユーザーはプロセッサのことなど何も知らない。インテルのことも知らない。どうすればできるだろう。ということで「インテル・インサイド」キャンペーンが始まった[9]。

フェイスブックの登場で、「会話を妨害するのではなく、従来広告主と呼ばれていた各企業は、フェイスブック上で会話をつくりだすか、会話の一員となる術を見つけ出さなければならなくなった。成功すれば、ユーザー同士がつながり、交流を生む手助けになる[10]」というメリットも出てきた。こうしたメリットを活用するために、企業は、顧客ばかりでなく従業員に対してもフェイスブックを利用しだした。

広告には、対面型コミュニケーションや社内広告媒体がある。[11] このうち、現場で働く社員に大規模な改革を説明するのに最も効果的な方法は、直接口頭で伝えることである。

社内広告媒体には、次のようなものがあるが、その効果は低いようである。

① ビデオ―社員のほうは、実はビデオなどもう見たくないと思っている。我々の調査社員の2人に1人が、ビデオより直接的コミュニケーションを望んでいる。

② 社内報―社内報はあてにならないし、わかりにくいことが多い、という否定的評価がある。

③ 会　議―大がかりな会議を開いても、直接的なコミュニケーションの役割を果たすことにはならない。

以下のような潜在的なインターナル・コミュニケーション・ギャップには注意しなければならない。[12]

① メッセージが受け手に到達しない。

i　ターゲティング・ギャップ―意図した受け手に伝えそこなう。

ii　使用法ギャップ―従業員がそのメディアを使わない。

② メッセージが受け手に間違って到達する。

i　正確さのギャップ―情報が階層レベルを通って通過する方法が、フィルタリングと選択によって情報の歪曲に導く。

ii　フィードバック・ギャップ―情報が正しく、歪曲されず伝達プロセスを通ったとしても、受け手はそのメッセージを理解できないかもしれないし、少なくとも正確に理解するとは限らない。

③ メッセージがあまりに遅く受け手に到達する。

i　スピード・ギャップ―遅い伝達スピードと応用における非柔軟性がある。

ii　同時性ギャップ―同時に多方面の散在した従業員のグループに呼びかける能力が不十分である。

④ メッセージが受け手に能率よく到達しない。

i　理解ギャップ―メッセージの解読が難しい。

ii　真実性ギャップ―送り手あるいは媒体についての疑わしさのために、メッセージが真面目に受け取られない。

3　人的販売

人的販売とは、顧客と直接コミュニケーションをとりながら販売活動を行うことで、IMでは主にコミュニケーション・プロモーションが実行される。コミュニケーションとは、意味形成の元となる相互作用である。組織におけるコミュニケーションの第一の目的は、効果的な情報伝達であるが、そのためには、信頼関係、効果的で使いやすいコミュニケーション手段の確立、自由に意見が言えたり、自律性を尊重するような組織文化が必要になる。

人的販売には、第一に、個人とグループに対する対面プレゼンテーションであるパーソナル・セリングがある。グループに対するプレゼンテーションは、ミッションの伝達とその確認に用いられる。1対1の関係は、垂直的交換関係と呼ばれる。この垂直的交換関係は、高い達成目標や要求水準の向上、仕事上での自立性の促進、仕事遂行上のノウハウや対人関係スキルの向上と関係がある(13)。

第二は、ボーナスや表彰プログラムなどのインセンティブがある。これらのインセンティブは、会社の従業員に対するコミュニケーションである。

第三は、カウンセリングである。これには、組織や職務からの要求を原因とするキャリアストレスや職場での対人葛藤の対処、悩み相談、キャリア・カウンセリングなどがある。キャリア・カウンセリングとは、キャリア・ディベロップメントと呼ばれるキャリア形成のための能力開発にあたって、キャリア・カウンセラーとキャリアに関して問題を抱える従業員との間で問題を確認し、新しいキャリアを一緒にみつける活動である。

4 販売促進

販売促進は、組織の現在と将来の人的資源ニーズを満たすキャリア開発ばかりでなく、次のようなセールスプロモーションに使える福利厚生を含む。すなわち、誕生日バケーション、会社提供自動車、社宅、デイケアセンター、会社製品の割引、雇用契約、社員食堂、フィットネスセンター、団体保険、自宅購入支援、利子なしローン、レイオフ時給与、パーキング、カウンセリング、政治活動、プライベートオフィス、リクレーション施設、税アシスト、訓練プログラム休暇、授業料支払などである[14]。

5 PR

PR（パブリックリレーションズ）とは、企業とそれにかかわる人々の間によい関係を築くための活動である。IMにおいては、PRは、従業員とのよい関係を築くためのコミュニケーションを指す。すなわち、従業員関係は、社員と企業の間の関係であり、企業内パブリックリレーションズである。デルは「最も貴重な資産である社員との接触を保つことが、事業や社員の健全さ、強さを保つ道なのである[15]」と述べてこの重要性を指摘している。

関係をよくするためには接触が重要である。GEの元CEOジャック・ウェルチは「現場をあちこち歩き回ることが、いま何が起こっているのか、その本当の現実を理解するもっともよい手段なのだ[16]」と述べて歩き回りの重要性を示している。

6 まとめ

プロモーションは、従業員と顧客及び会社と従業員の関係を良好にする活動である。そのためには、マーケティングの手法である広告、人的販売、販売促進及びPRを活用することが望ましい。

【注】

（1）Evert Gummesson, *Total Relationship Marketing: Rethinking Marketing Management: From 4Ps to 30Rs*, second edition, Butterworth-Heinemann, 1999, pp. 27-30.（若林靖永・太田真治・崔　容熏・藤岡章子訳『リレーションシップ・マーケティング：ビジネスの発想を変える30の関係性』中央経済社、２００７

年、37-38頁）。

（２）引頭麻実、前掲書、１５０頁。

（３）Joseph A. Michelli, *op. cit.*, p. 95.（前掲訳書、１２３頁）。

（４）Howard Schultz with Joanne Gordon, *op. cit.*, p. 256.（前掲訳書、３３６頁）。

（５）David Kirkpatrick, *The Facebook Effect: The Inside Story of the Company That Is Connecting the World*, Simon & Schuster Paperback, 2010, p. 265.（滑川海彦・高橋信夫訳『フェイスブック：若き天才の野望』日経ＢＰ、２０１１年、３８８頁）。

（６）*Ibid.*, p. 264.（同上訳書、３８７頁）。

（７）W. Chan Kim and Renée Mauborgne, *Blue Ocean Strategy: How to Create Uncontested Market Space and Make the Competition Irrelevant*, Harvard Business Review Press, 2015, p. 104.（入山章栄監訳・有賀裕子訳『[新版]ブルー・オーシャン戦略：競争のない世界を創造する』ダイヤモンド社、２０１５年、１６５頁）。

（８）Evert Gummesson, *op. cit.*, pp. 30-31.（前掲訳書、39頁）。

（９）Michael S. Malone, *op. cit.*, p. 425.（前掲訳書、４７１頁）。

（10）David Kirkpatrick, *op. cit.*, p. 264.（前掲訳書、３８７頁）。

（11）T. J. Larkin and Sander Larkin, "Reaching and Changing Frontline Employees", in *Harvard Business Review*, May-June, 1996, pp. 95-104.（DIAMONDハーバード・ビジネス・レビュー編集部訳『コミュニケーション戦略スキル』ダイヤモンド社、２００２年、２１１-２２０頁）。

（12）Bernd Stauss and Frank Hoffmann, "Minimizing Internal Communication Gaps by Using Business Television", in Richard J. Varey and Barbara R. Lewis eds., *Internal Marketing: Directions for Management*, Routledge, 2000, pp. 146-150.

（13）若林　満「管理職へのキャリア発達：入社13年目のフォローアップ」『経営行動科学』第２巻第１号、１９８７年、１-13頁。

(14) Society Human Resource Management, "HR's Evolving Role in Organizations and its Impact on Business Strategy" (https://www.shrm.org/).

(15) Michael Dell with Catherine Fredman, *Direct from Dell: Strategies That Revolutionized an Industry*, Harper Business, 1999, p. 119.（國領二郎監訳、吉川明希訳『デルの革命：「ダイレクト」戦略で産業を変える』日本経済新聞社、１９９９年、１７０頁）。

(16) Jack Welch with John A. Byrne, *Jack: Straight from the Gut*, Warner Business Books, 2001, p. 391.（宮本喜一訳『ジャック・ウェルチ：わが経営㊦』日本経済新聞社、２００１年、２６９頁）。

索　引

【会社名】

【人名重要項目】

サ

タ

ナ

ハ

《著者紹介》
鈴木好和（すずき・よしかず）
東北大学大学院博士課程修了　博士（経営学・東北大学）
東北学院大学教授　専攻：人的資源管理論

【主要著作等】
『組織理論』（共訳）八千代出版，1985年。
『経営・会計の現代的課題』（共著）白桃書房，1989年。
『経営学の基本視座』（共著）まほろば書房，2008年。
『21世紀の診断』（共著）富嶽出版，2010年。
『人的資源管理論［第4版］』創成社，2011年。
『会社のつくり方』創成社，2017年。

（検印省略）

2017年3月10日　初版発行　　略称－インターナル

企業を世界一にする
インターナル・マーケティング
―ピープル・マーケティング・オペレーションズ―

著　者　鈴木好和
発行者　塚田尚寛

発行所　東京都文京区春日2-13-1　株式会社　創成社

電　話　03（3868）3867　FAX　03（5802）6802
出版部　03（3868）3857　FAX　03（5802）6801
http://www.books-sosei.com　振　替　00150-9-191261

定価はカバーに表示してあります。

ISBN978-4-7944-2494-5 C3034
Printed in Japan

組版：でーた工房　印刷：エーヴィスシステムズ
製本：宮製本所
落丁・乱丁本はお取り替えいたします。